香海文化

人間有花香

星雲法語 5 自覺

星雲大師 著

星雲法語

目錄

第5冊 人間有花香——自覺

卷二 最好的供養

卷三 識人之要

總序

十把鑰匙

星雲

「星雲法語」是我在台灣電視、中國電視、中華電視三十年前的「三台時代」，為這三家電視台所錄影的節目。後來在《人間福報》我繼「迷悟之間」專欄之後，把當初在三台講述的內容，再加以增補整理，也整整以三年的時間，在《人間福報》平面媒體與讀者見面。

因為我經年累月雲水行腳，在各國的佛光會弘法、講說，斷斷續續撰寫「星雲法語」，偶有重複，已不復完全記憶。好在我的書記室弟子們，如：滿義、滿觀、妙廣、妙有、如超等俄而提醒我，《人間福報》的存稿快要告罄了，由於我每天都能撰寫十幾則，因此，只要給我三、五天的時間，我就可以再供應他們二、三個月了。

像這類的短文，是我應大家的需要在各大報刊、雜誌上刊登，以及我為徒弟編印的一些講義，累積的總數，已不下二千萬字了。「星雲法語」，應該說是與「迷悟之間」、「人間萬事」同一性質的短文，都因《人間福報》而撰寫。承蒙讀者鼓勵，不少人希望結集成書，香海文化執行長蔡孟樺小姐將這些文章收錄編輯，文字也近百餘萬言，共有十集，分別為：一、精進；二、正信；三、廣學；四、智慧；五、自覺；六、正見；七、真理；八、禪心；九、利他；十、慈悲。

這套書在《人間福報》發表的時候，每篇以四點、六點，甚至八點闡述各種意見，便於記憶，也便於講說，有學校取之作為教材。尤其我的弟子、學生在各處弘法，用它做為講義，都說是得心應手。

承蒙民視電視台也曾經邀我再比照法語的體裁，為他們多次錄影，並且要給我酬勞。其實，只要有關弘法度眾，我都樂於結緣，所以與台灣的四家無線電視台都有因緣關係。而究竟「星雲法語」有多大的影響力，就非我所敢聞問了。

「迷悟之間」除了香海文化將它印行單行本之外，後來又在北京發行簡體字版，「人間萬事」則尚在《人間福報》發表中。現在「星雲法語」即將發行出版全集，略述因緣如上。

承蒙知名學者李家同教授、洪蘭教授、台中胡志強市長、大塊集團郝明義董事長，以及善女人辜懷箴居士，為此套書寫序，一併在此致謝。

是為序。

二〇〇七年九月一日　於佛光山開山寮

推薦序一

宗教情懷滿人間

星雲大師的最新著作《星雲法語》十冊套書，香海文化把部分的文稿寄給我，邀我為序。八月溽暑期間，我自身事務有些忙碌；但讀著文稿裡星雲大師的話，卻能感覺到歡喜清涼。

《星雲法語》裡面有一篇我很喜歡。

要有開闊包容的心胸、要有服務度生的悲願、要有德學兼具的才華、要有涵養謙讓的美德。——〈現代青年〉

多年來我從事教育工作，希望走出狹義的菁英校園空間，真正幫忙各階層弱勢學生。看著莘莘學子，我想我和星雲大師的想法很接近吧，就是教育一定要在每個角落中落實，要讓最弱勢的學生，能個個感受到不被忽略、不受到城鄉資源差別待遇。

青年教育的目的，不就是教育工作者，希望能教養學生，成為氣度恢弘的國民？

為勉勵青年，星雲大師寫下「青年有強健的體魄，應該發心多做事，多學習，時時刻刻志在服務大眾，念在普度眾生，願在普濟社會。」

星雲大師的話，讓我想起聖經裡的金句。

「有了信心，又要加上德行；有了德行，又要加上知識；有了知識，又要加上節制；有了節制，又要加上忍耐；有了忍耐，又要加上虔敬；有了虔敬，又要加上愛弟兄的心；有了愛弟兄的心，又要加上愛眾人的心。」──〈彼得後書．第一章〉

宗教情懷，就是超越一切的普濟精神。人間的苦難，如果宗教精神無以救濟，那麼信仰宗教毫無意義。不論是佛陀精神，或是基督精神，以慈愛的心處世，我想原則上沒有什麼不同。尤其是青年人，更應細細體會助人愛人的真諦，在未來三十、五十年，起著社會中堅的作用。這樣，我們現在辦的教育，才真正能教養出「德學兼具」的青年，讓良善能延續，社會上充滿不汲汲於名利，助人愛人的和諧氣氛。

香海文化即將出版的《星雲法語》，收錄了精采法語共計一〇八〇篇，每一篇均意味深長，適合所有人用以省視自己，展望未來。「現代修行風」不分基督佛陀，親切的聖人教誨，相信普羅大眾都很容易心領神會。

如今出版在即，特為之序。

（本文作者為國立暨南大學教授）

推薦序二

安心與開心

洪蘭

在亂世，宗教是人心靈的慰藉，原有的社會制度瓦解了，一切都無法制、無規章，人民有冤無處伸，只有訴諸神明，歸諸天意，以求得心理的平衡。所以在東晉南北朝時，宗教盛行，士大夫清談，把希望寄托在另一個世界。歷史證明那是不對的，這是一種逃避，它的結果是亡國，智者知道對現實的不滿應該從改正不當措施做起，眾志可以成城，人應該積極去面對生命而不是消極去寄望來生。星雲大師就是一個積極入世的大師，他在國內外興學，風塵僕僕到處弘法，用他的智慧來開導世人，他鼓勵信徒從自身做起，莫以善小而不為，當每個人都變好時，這個社會自然就好了。這本書就是星雲大師的話語集結成冊，印出來嘉惠世人。

人在受挫折，有煩惱時，常自問：人生有什麼意義，活著幹什麼？大師說，人生的意義在創造互惠共生的機會，這個世界有因你存在而與過去不同嗎？科學家特別注重創造，就是因為創造是沒有你就沒有這個東西，沒有莫札特就沒有莫札特的音樂，沒有畢加索，就沒有畢加索的畫，創造比發現、發明的層次高了很多，人到這個世上就是要創造一個雙贏的局面，不但為己，也要為人。英文諺語有一句：Success is when you add the value to yourself. Significance is when you add the value to others. 只有對別人也有利時，你的成功才是成功。所以大師說，生命在事業中，不在歲月上；在思想中，不在氣息上；在感覺中，不在時間上；在內涵中，不在表相上。這是我所看到談生命的意義最透徹的一句話。

挫折和災難常被當作上天的懲罰，是命運的錯誤；其實挫折和災難本來就是人生的一部分，不經過挫折我們不會珍惜平順的日子，沒有災難不會珍惜生命。人是動物，是大自然中的一分子，不管怎麼聰明、有智慧，還是必須遵行自然界的法則，所以有生必有死，完全沒有例外，但是人常常參不透這個道理，歷史上秦始皇、漢武帝這種雄才大略的人也看不到這點，所以為了求長生不老，倒行逆施，壞了國家的根基，反而是修身養性的讀書人看穿了這點。宋、李清照說「今手澤如新而墓木已拱，乃知有有必有無，有聚必有散，亦理之常，又胡足道」。看透這點，一個人的人生會不一樣，既然帶不走，就不必去收集，應該想辦法去用有限的生命去做出無限的功業。

一個入世的宗教，它給予人希望，知道從自身做起，不去計較別人做了什麼，只要有做，世界就會改變。最近有法師用整理回收物的方式帶信徒修行，他不要信徒捐獻金錢，但要他們捐獻時間去回收站作義工，從行動中修行。我看了這個報導真是非常高興，因為研究者發現動作會引發大腦中多巴胺（dopamine）這個神經傳導物質的分泌，而多巴胺跟正向情緒有關，運動完的人心情都很好，一個跳舞的人即使在初跳時，臉是蹦著的，跳到最後臉一定是笑的。所以星雲大師勸信徒，從動手實做中去修行是最有效的修行，對自己對

馮儀繪（局部）

社會都有益。

在本書中，大師說生活要求安心，心安才能體會人生的美妙，才聽得到鳥語、聞得到花香，所以修行第一要做到心安，既然人是群居的動物，必須要和別人往來，因此大師教導我們做人的道理，列舉了人生必備的十把鑰匙，書的最後兩冊是要大家打開心胸，利他與慈悲，與一句英諺：you can give without loving, you can never love without give. 相呼應。不論古今中外，智者都看到施比受更有福。

希望這套書能在目前的亂世中為大家浮躁的心靈注入一股清泉，人生只要心安，利人利己的過生活，在家出家都一樣在積功德了。

（本文作者為國立陽明大學神經科學研究所教授）

推薦序三

法鑰匙神奇的佛

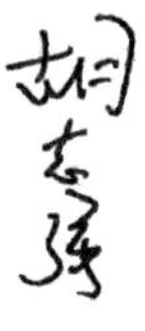

星雲大師，是我一直非常尊敬與佩服的長者。

長久以來，星雲大師所領導主持的佛光山寺與國際佛光會，聞聲救苦，無遠弗屆，為全球華人帶來無盡的希望與愛。

大師的慈悲智慧與宗教情懷，讓許多人在徬徨無依時，找到心靈的依歸。另一方面，我覺得大師瀟灑豁達、博學多聞，無論是或不是佛教徒，都能從他的思想與觀念上，獲得啟迪。

星雲大師近期即將出版的《星雲法語》，收錄了大師一〇八〇篇的法語，字字珠璣，篇篇雋永。

我很喜歡這套書以「現代佛法修行風」為訴求，結合佛法與現代人的生活，深入淺出地闡釋。尤其富創意的是，以十冊「法語」打造了十把「佛法鑰匙」，打開讀者心靈的大門，帶領我們從不一樣的角度，去發現與體會生活中的點點滴滴。

以〈旅遊的意義〉這篇文章為例：

「……就像到美國玩過，美國即在我心裡；到過歐洲渡假，歐洲也在我心裡，遊歷的地區愈豐富，就愈能開闊我們的心靈視野。

當我們從事旅遊活動時，除了得到身心的舒解，心情的愉悅之外，還要進一步獲得寶貴的知識。除了外在的景點外，還可以增加一些內涵，做一趟歷史文化探索之旅，看出文化的價值，看出歷史的意義。

比方這個建築是三千年前，它歷經什麼樣的朝代，對這些歷史文化能進一步賞析後，那我們的生命就跟它連接了。……」

「我們的生命就跟它連接了」這句話，讓我印象十分深刻，生動描述了「讀萬卷書，行萬里路」，正是一種跨越時空的心靈宴饗。

在〈快樂的生活〉一文中，大師指點迷津。他說：「名和利，得者怕失落，失者勤追求，真是心上一塊石頭，患得患失，耿耿於懷，生活怎麼能自在？」

因此「身心要能健康，名利要能放下，是非要能明白，人我要能融和。」

在〈歡喜滿人間〉這篇文章，大師指出：

人有很多心理的毛病，例如憂愁、悲苦、傷心、失意等。佛經形容人身難得如「盲龜浮木」，一個人在世間上一年一年的過去，如果活得不歡喜，沒有意義，那又有什麼意思？如何過得歡喜、過得有意義？

他提出幾點建議：「要本著歡喜心做事、要本著歡喜心做人、要本著歡喜心處境、要本著歡喜心用心、要本著歡喜心利世、要本著歡喜心修行。」

看到此處，我除了一邊檢視自己在日常生活中做到了多少？另方面，也希望把「歡喜心」的觀念告訴市府同仁，期許大家在服務市民時認真盡責之外，還能讓民眾體會到我們由衷而發的「歡喜心」。

而〈傳家之寶〉一篇中所提到的觀點，也讓為人父母者心有戚戚焉。

大師說：一般父母，總想留下房屋田產、金銀財富、奇珍寶物給子女，當作是傳家之寶；但是也有人不留財物，而留書籍給子子女，或是著作「家法」、「庭訓」，作為家風相傳的依據。乃至禪門也有謂「衣缽相傳」，以傳衣缽，作為叢林師徒道風相傳的象徵。

他認為「傳家之寶」有幾種：包括寶物、道德、善念與信仰。到了現代，書香、善念、道德、信仰更可以代替錢財的傳承，把宗教信仰傳承給子弟，把善念道德傳給兒孫，把教育知識傳給後代。

「人不能沒有信仰，沒有信仰，心中就沒有力量。信仰宗教，如天主教、基督教、佛教等等，固然可以選擇，但信仰也不一定指宗教而已，像政治上，你歡喜那一個黨、那一個派、那一種主義，這也是一種信仰；甚至在學校念書，選擇那一門功課，只要對它歡喜，這就是一種信仰。有信仰，就有力量，有信仰，就會投入。能選擇一個好的宗教、好的信仰，有益身心，開發正確的觀念，就可以傳家。」

細細咀嚼之後，意味深長，心領神會。

星雲大師一千多篇的好文章，深刻而耐人尋味，我在此只能舉出其中幾個例子。很感謝大師慷慨分享他的智慧結晶，讓芸芸眾生也有幸獲得他的「傳家之寶」。

在繁忙的生活中，每天只要閱讀幾篇，頓時情緒穩定、思考清明、心靈澄靜。有這樣的好書為伴，真的「日日是好日」！

（本文作者為台中市市長）

推薦序四

佛法與生活及工作結合時

郝明義

對我而言，佛法中很重要的一塊是教我們如何對境練心。換句話說，也就是在生活與工作中修行。

生活與工作，無非大事小事的麻煩此起彼落；無非此人彼人的煩惱相繼而至。所謂對境練心，在生活中修行，就是我們如何調整自己面對這些麻煩事情、煩惱人事的心態、習慣與方法。

在沒有接觸佛法的過去，我憑以面對這些事情與人物的工具，不過是如何借由理性與意志力，來控制自己的脾氣與心情。但光是借由理性與意志力來控制，畢竟是有可及之時，也有不可及之時。敗多成少固然是問題，成敗之間的得失難以判斷，依循規則也難以歸納，則更是令人深感挫折。

但是接觸佛法，尤其以六祖註解的《金剛經》為我的修行依歸之後，雖然所知十分淺薄，但是光對境練心的這一點認知，已經讓我受益匪淺，知道了如何從根本調整自己在生活中面對煩惱的心態、習慣與方法。

譬如說，以一個出版者而言，這個行業的特質，尤其讓我覺得應用佛法別有心得。和其他行業不同，出版工作永遠要同時面對過去、現在、未來三個課題。今天新出版的書裡怎麼創造些暢銷書，這是要持續注意「現在」的課題；今天就要和作者討論幾個月甚至幾年後出版的書籍寫作內容，預作準備，這是要持續注意「未來」的課題；每一個出版社都要重視自己過去出版的書籍，注意如何讓過去已經出版的書可以持續再版，這是要持續注意「過去」的課題。這種工作中隨時要同時注意「過去」、「現在」、「未來」三種課題的需要，讓我特別體會到佛法可以對我所有的啟發與指引。

又譬如說，六祖的口訣「覺諸相空，心中無念。念起即覺，覺之即無」，讓我體會到其中的「念起即覺，覺之即無」正是「應無所住而生其心」的旁註，可以隨時應用在任何事情，讓自己恢復或保持清淨之心──哪怕是在最繁雜與忙亂的工作中。

雖然因為自己習氣深重，仍然有大量情況是「念起不覺」，來不及調整心態，注意不到要調整習慣，不適應應該採取的方法，而一再讓煩惱所趁，重蹈覆轍，但是畢竟我知道方法是的確在那裡的，只是自己不才，不夠努力而已。固然仍然是敗多成少，但畢竟可以看到比例逐漸有所改善。路途雖然十分遙遠，但是畢竟在跌跌撞撞中感受到自己在走路了。

一個黑戶佛教徒對佛法的心得，重點如此。

《星雲法語》中有著許多在生活與工作中的修行例證。希望閱讀《星雲法語》的讀者，從這本書裡也能得到在生活中修行的啟發與指引。

（本文作者為大塊出版集團董事長）

推薦序五

人生的智慧和導航

趙華懷識

我一直感恩自己能有這個福報，多年來能跟隨在大師的身邊，學習做人和學習佛法。每一次留在大師身邊的日子裡，都可以接觸到許多感動的心，和感動的事；每一次都會讓我感覺到，這個世界真的是非常的可愛。

大師說：他的一生就是為了佛教。這麼多年來，大師就這樣循循的督促著自己，為此，馬不停蹄的一直在和時間做競跑。大師的一生，一向秉持著一個慈悲佈施、以無為有的胸懷，做大的人，做大的事。如果想要問大師會不會和我們一樣斤斤計較？我想他唯一真正認真計較的事，就是，對每一天的每一分和每一秒吧！

在大師的一生裡，大師從來不允許自己浪費任何一分一秒的時間；無論是在跑香、乘車、開會、會客或者進餐；大師永遠都是人在動，心在想，手在做，眼觀四方，耳聽八方，把一分鐘當十分鐘用；在高效率中不失細膩，細膩中不失大局，大局中不失周全；周全裡，充滿了的是大師對每一個人無微不至的關懷和體貼。

大師自從出家以來，只要是為了弘法，大師從來不會顧及自己的健康和辛苦，數十年如一日，南奔北走，不辭辛勞的到處為信徒開釋演講；只要有多餘的時間，大師就會爭取用來執筆寫稿；年輕時也曾經為了答應送一篇文稿給出版社，連夜乘坐火車，由南到北。大師從年輕就非常重視文化事業，大師也堅信用文字來度眾生的重要。大師一生不但一諾千金，獨具宏觀，不畏辛苦，忍辱負重；在佛教界樹立了優良的榜樣，對現代佛教文化事業得以如此的發達，具有相當肯定的影響力。到目前為止，大師出版的中英文書籍，已經不下數百本。

記得在六十年代的時候，大師鑒於電視弘法不可忽視的力量，即刻決定

錫名歸去江上一葦者雨曾偕秋原師遊倒
自杭州至秋江深處衍溦兩度
亥冒安山磬溦陰而山林青翠
江水悠悠夏秋之際足資會意庚辰張吉諒憶寫

侯吉諒繪

要自己出資，到電視公司錄製作八點檔的「星雲法語」；使成為台灣第一個在電視弘法的節目。我記得大師的「星雲法語」，是在每天晚間新聞之後立即播出，播出的時間是五分鐘，節目的製作，即「精」又「簡」；節目當中，配合著簡單明瞭的字幕，聽大師不急不緩的縷縷道來；讓觀眾耳目一新，身心受益。

這個節目播出之後，立即受到廣大觀眾的喜愛和迴響。大師告訴我，在節目播出不久之後，由於收視率很好，電視公司自動願意出資，替大師製作節目；大師從此不但有了收入，也因此多了一個電視名主持人的頭銜。這個「星雲法語」的電視節目，也就是今天所出版的《星雲法語》的前身。

佛光山香海文化公司，精心收集了一千零八十篇的《星雲法語》，即將出版。這一條佛法的清流，是多年來星雲大師為了這個時代人心靈的須求，集思巧妙的運用生活的佛教方式，傳授給我們無邊的法寶。每一篇，每一個法語，星雲大師都透過對微細生活之間的體認，融合了大師在佛法上精深的修行智慧。深入淺出的詮釋，高明的把佛法當中的精要，很自然的交織在生活的細緻之間，用生活的話，明白的說出現代佛法的修行風範，讓讀者有如沐浴在法語春風之中的感覺，很自然的呼吸著森林裡散發出來的清香，在每一個心田裡默默的深耕著。等待成長和收割的喜悅，和著太陽和風，是指日可待的。

今承蒙香海文化公司的垂愛，賜我機會為《星雲法語》套書做序，讓我實在汗顏；幾經推辭，又因香海文化公司的盛情難卻，只有大膽承擔，還請各位前輩、先學指正。我在此恭祝所有《星雲法語》的讀者，法喜充滿。

（本文作者為國際佛光會世界總會理事）

卷一 人間有花香

花是藝術的美麗使者，
千姿百態的花朵，
蘊含著各式各樣的性格，
使花在人間留下了永恆不謝的生命。

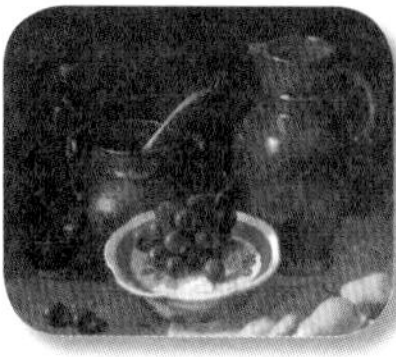

人間有花香

人間需要有花香，美麗的花沒有人不愛，芬芳的花香也沒有人不歡喜，因為各種花朵的綻放，萬紫嫣紅、芳香馥郁，而把世界裝點得無比的繽紛美麗。有時候，一個人很美、很有道德，我們就把他比喻成花；花，不但能豐富我們的生活，更能使我們借花寄情，美化我們的心意。花和宇宙人生有著密切的關係，在我們的生活裡，花扮演著重要的角色，也美化了我們的人生。例如新春佳節、開會宴客，擺上一盆花，頓覺滿室芬芳、生意盎然；又如開幕祝賀、生日送禮、迎接親友、探望病患等各種場合，帶上一束花，也能表達我們無限的情意，所以人間需要有花香。以下有四點看法：

第一、花，點綴了平凡的人間：花是大自然最美麗的生命，是我們居家最好的裝飾，也是人生最佳的點綴。所謂「平常一樣窗前月，才有梅花便不同。」花以它的嬌豔、芬芳、清淨，豐富了大自然與人類的精神生命，讓這個平凡的人間增添了許多的色彩，到處都充滿了

花的燦爛、花的芬芳。

第二、花，展現了生命的光彩：以佛法的觀點來看，一期一期的花開花謝，正是人生的最佳寫照。一朵花綻放了，就好像是一個生命誕生了，看到花的開放而感受到生命的價值；一旦花謝了，也能讓我們體悟到人生苦空無常，而把握當下的人生。在一期的生命裡，我們如何和花一樣盡情的奔放，發揮生命的極致，為大地和人間灑下燦爛美麗的光采？這是我們必須向花學習的精神。

第三、花，詮釋了不同的人生：花是藝術的美麗使者，千姿百態的花朵，蘊含著各式各樣的性格，使花在人間留下了永恆不謝的生命。各種的花用各種的人來比喻，甚至於閒花野草，都可詮釋出不同的人生。如宋儒周敦頤的〈愛蓮說〉將花與人的性格、身分作了巧妙的結合，藉以表明心志，他以「陶淵明愛菊……世人甚愛牡丹……予獨愛蓮之出淤泥而不染……」，來譬喻「陶淵明為隱士如菊花、世人愛富貴如牡丹，吾則寧為君子如蓮花」。所以，花能詮釋不同的人生。

第四、花，表達了人情的真義：每個人都愛花，花不但可以供人欣賞，也能傳達情意，各式各樣的花語花意，增添了人我往來的情意。如玫瑰代表愛情，百合代表友誼，康乃馨代表母愛，牡丹代表富貴，蘭花代表高潔……；因此有人以花表明心志，有人以花傾訴愛慕之情，有人以花表達無限哀思，有人以花恭賀對方，有人以花祝福對方……，佛法也常用花來比喻，例如有一部佛經叫《妙法蓮華經》，妙法就如同蓮花，所以人間需要有花香。

花與佛教也有很深厚的因緣，花的清淨、柔軟、美麗，最能代表虔誠恭敬的心，如佛教徒借花獻佛，香花一瓣，供養十方，以代表無限的誠意。花不但可作為佛菩薩聖潔的象徵，也是佛教徒與諸佛菩薩之間溝通的橋樑。佛教更主張，儘管娑婆世界如淤泥般的渾濁，我們自己也要堅持做一朵清淨的蓮花。所以，關於「人間有花香」，有以下四點意義：

第一、花，點綴了平凡的人間。

第二、花，展現了生命的光彩。

第三、花，詮釋了不同的人生。

第四、花，表達了人情的真義。

受歡迎的人

社交場合裡，常見有一種現象，只要某人一出現，現場馬上氣氛熱絡，笑聲不斷，這種能帶動氣氛的人，總是到處受人歡迎。反之，有的人只要他一出現，本來歡娛的氣氛，空氣一下子就凝固起來，這種人走到那裡，都不受人歡迎。如何才能成為受人歡迎的人，有四點意見：

第一、令人害怕不如令人喜愛：有些主管、長輩，喜歡以權威來建立別人對他的敬畏。其實一個人太過威嚴，令人一見，望而生畏，這不一定很好。「令人害怕」是因為別人畏懼你的權力、勢力，不敢得罪於你，反而容易與你生疏；「令人喜愛」則容易受人歡迎，讓人願意親近你，與你相交。因此，令人害怕不如令人喜愛，至少令人喜愛，表示我在別人心中是個好人。

第二、令人喜愛不如令人讚美：有時候喜愛一個人，卻說不出喜愛他什麼？這是不行的。「令人喜愛」有時候只因志氣相投，或因你的外表討喜，讓人看了順眼，或是你不與他唱反調，凡事聽話好配合；「令人讚美」則是因為你有優點，讓人欣賞，因此令人喜愛不如令人讚美。我們喜愛一個人，就要能讚美他，如：他很慈悲、他很負責任、他很有禮貌、他很隨和、他很公平、他很有忍耐、他很肯吃虧……，能令人讚美的人，表示自己是有條件的。

第三、令人讚美不如令人尊敬：有些人雖然令人讚美，卻不受人尊敬，這樣也不好。「令人讚美」是因為你很能幹，很有學問，卻不見得能讓人尊敬；「令人尊敬」則是因你的品德、風範、做人處世讓人信服，因此令人讚美不如令人尊敬。令人尊敬的人，自然受人愛戴，為人所重視。

第四、令人尊敬不如令人懷念：我們尊敬一個人，但是當他離開以後，日子一久便忘記了；有的人則讓我們一輩子也忘不了他。「令人尊敬」有時屬接觸性的因緣，當別人與你共處時尊敬你、敬重你，分開了卻不見得會懷念你；「令人懷念」則是一輩子的事，有許多朋友雖然相隔兩地，數十

年未見，仍然令人懷念。好比許多刻骨銘心的往事，讓人終生難以忘懷。因此，令人尊敬，不如令人懷念。

每個人不論職務高低或種族差異，都希望自己能受人重視，被人尊敬，做個受歡迎的人，然而受人歡迎容易，受人尊敬則難；有的人讓人敬畏，有的人讓人放心，有的人令人歡喜，有的人令人懷念。什麼樣的人最好？如何才能成為受歡迎的人，有四點意見：

第一、令人害怕不如令人喜愛。

第二、令人喜愛不如令人讚美。

第三、令人讚美不如令人尊敬。

第四、令人尊敬不如令人懷念。

君子之格

每個人都希望自己有好名聲，古之君子柳下惠坐懷不亂，受人讚歎；唐朝魏徵為諫臣君子，佳風典範流傳至今。「君子」一詞，原本指貴族子弟，後來演變成特指進德修業有成的人。一般人都想做為大眾所稱歎的君子，都不想做受人鄙視的小人。怎樣才能成為君子？君子和一般人有什麼不同？在此提出君子的四種風格：

第一、氣象要高曠，不可以疏狂：君子有坦蕩蕩的胸懷，朗然面對一切事物，對世間感情充沛，而不逾越，為人高曠豁達，而不疏狂狷嘯。平常有威儀、氣度，和寬宏的心量；他雖然有超乎一般人的高曠眼界，行為卻不會因此狂妄不羈，待人仍是彬彬有禮，行事進退合度，態度不威不懼，可親可敬。

第二、心思要細密，不可以瑣碎：君子做事大處著眼，小處著手，帶有長遠的眼光看事，縱觀大局，而不失省察。用心很細密，凡事思前顧後，左右商量，思一得十，四面周全。但對於無關緊要的瑣碎之事，則盡量減少，大事、要事果斷縝密，小事、瑣事扼要簡明；糾葛之事避免，繁複之事化簡，在細密之中不拖泥帶水，做得恰到好處。

第三、趣味要雅淡，不可以枯寂：君子有雅淡而不枯寂的風格，他有淡泊的高風，也有濟人利物的性格，不顯得太過繁茂，也不會太過枯寂。就好像嚴冬裡會有梅花綻放，在酷熱的夏天裡，也有南風吹拂。君子所行是「居軒冕之中，不可無山林的趣味；處林泉之下，須要懷廊廟的經綸」，其嗜好不會太濃豔，亦不會太枯寂，即所謂中庸之道。

第四、操守要嚴明，不可以激烈：君子遇事不憂懼，也不以激烈的方式處決。文天祥言：「天地有正氣，雜然賦流行」，做人最要緊的是顧念自己的操守，不畏權勢，不懼惡勢力的壓迫，凡威嚇利誘，都不會動搖自己的信念。不過，剛刀雖硬，容易有缺口，操守雖嚴明，行事仍須圓融，不可有太過偏激的思想、行為。「君子之格」有四種風範：

- 第一、氣象要高曠，不可以疏狂。
- 第二、心思要細密，不可以瑣碎。
- 第三、趣味要雅淡，不可以枯寂。
- 第四、操守要嚴明，不可以激烈。

君子的風度

社會上有兩種人，一種是「君子」，一種是「小人」。怎樣的人才是「君子」？君子，行事光明正大、誠而有信，能夠成人之美，也常常雪中送炭。《佛光菜根譚》說：「君子能用忍耐的力量處眾，擔當的力量負責，親和的力量待人，禪定的力量安心」。除此，君子的特性還有四點：

第一、遇到橫逆來而不怒：一般人在受了冤屈、侮辱時，常常表現得暴跳如雷。但做一個君子，當他遭遇到一些事故、橫逆時，雖然也會覺得不稱心、不如意。不過他不會表現在外面，他能夠接受、反省、擔當、處理，甚至將之視為「當然的」逆增上緣。如富樓那尊者赴蠻荒地區布教，雖遭野蠻迫害卻能謙沖自省，而甘之如飴，不減弘法悲願。

第二、遇到變故起而不驚：我們在世間求生存，對外必須忍受自然環境的困難與考驗，內心也必須面對生離死別、憂悲苦惱的試煉。身為君子，當他遇到變故時，不會恐慌、驚懼，因為他平時遵守綱常紀律，待人處世慈悲正直，而且能以超然的智慧，見到因緣的生滅無常與世間實相。因此一旦變故來了，他能起而不驚，臨危不亂，不會因險遇而改變心情，時時泰然自若，顯現出處變不驚、莊敬自強的氣度。

第三、遇到非常謗而不辯：君子遇到非常的事故，如別人突然毀謗他、打擊他，他都能謗而不辯，因為他明白「是非以不辯為明」，不辯才能止謗，如果辯解，反而「愈描愈黑」；謗而不辯才是君子之風。

第四、遇到苦事做而不怨：君子不論從事多辛苦、多困難的工作，都能任勞任怨、做而不怨，他不會發牢騷，更不會怨恨。因為他深知「先耕耘而後有收穫」的因果，而能夠「吃苦當作吃補」。他不但從血汗、勞務或人所不欲的委屈忍耐中，點滴累積個人的福德因緣，也因廣結善緣而成就了自他兩利、福國濟人的事業。

一個君子、一個能幹的人，他對於人間的各種好和不好，幸與不幸的事情，不會有太大的起伏與揀擇，因為他能明白因果，具有正知正見的智慧。所謂「君子的風度」有四點：

第一、遇到橫逆來而不怒。

第二、遇到變故起而不驚。

第三、遇到非常謗而不辯。

第四、遇到苦事做而不怨。

君子之德

有四件事一去不回：出口之言、發出之箭、過去之時、忽略之機。因為時空、因緣、進退掌握不得當，所以經常聽到有人後悔：「我失算了」、「我失禮了」，「我失言了」，或是「如果這樣、那樣的話，就不致於失敗了。」……這都是出於沒有即時觀察當下的情況。因此，佛光山齋堂裡有副對聯寫著：「吃現前飯，當思來處不易；說事後話，唯恐當局者迷。」一位君子應謹慎以下這四點：

第一、君子不失足於人：君子識人有道，觀察入微，所以不輕易上當。因為君子心中謹記「一失足成千古恨，再回頭已百年身」，因此他待人接物謹守其道。知色之危，所以不會失足於仙人跳；知道行情，所以不會被巧言所鼓動；不存貪心，錢財不會被人騙走；自有明見，事業不會被人拖垮，所以君子不失足於人。

第二、君子不失色於人：君子重視修養身心，經常保持氣定神閒的姿態。無論儀容、應對、交接，以及個人生活、飲食、動靜、作息……都是莊重大方，有規律，有條理，不輕率。尤其在人前保持一定風度，以優雅美好的行儀，處理事情，不輕易將喜、怒、哀、樂流露在顏面上，更不會舉止失態，自亂陣腳，這是君子不失色於人。

第三、君子不失口於人：古人有謂：「一言以興邦，一言以喪邦」，特別是外交家，豈可不慎？君子講話也是如此。他不尋人之短，不傷人之痛，也不諷刺爭鬥，更不矜張怪誕。他以豐富的常識、智慧，培養自己風格人品，所言之語，中肯誠摯，為人折服，幽默有度，而不失據。所以有道有德的君子不失口於人。

第四、君子不失善於人：君子與人來往，都是以道相交，以德為謀。所謂君子有成人之美，凡是善美之事，能力之內，總是促其成就；朋友有難，也會力挺相助；君子以仁愛為懷，寧可自己吃虧，也不讓他人上當，或不利於人。所以君子愛人以德，君子做人以善。

這四點君子不失之德，是吾人學習的方向。

第一、君子不失足於人。

第二、君子不失色於人。

第三、君子不失口於人。

第四、君子不失善於人。

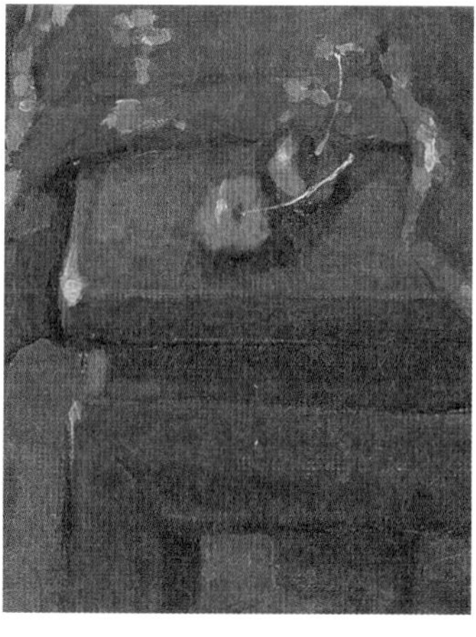

君子之品

君子有什麼品格？君子有克勤克儉的品格，有勤學不倦的美德，以及「朝聞道，夕死可矣」的精神。他們為求得真理，可以奮不顧身的克服任何障礙；他們以良善的美德來莊嚴自己，用圓融的智慧來昇華人格。君子相信多一番挫折，就會多一番見識，而要求自己要有恆心、有毅力，面對人生每一個境遇。君子之品，有四點提供參考：

第一、君子辭富不辭苦：有時候，君子寧接受苦難也不要富貴。因為甘於淡泊，經過苦難的考驗，往往能養成堅韌的節操。如曾國藩所言：「堅其志，苦其心，勤其力，事無大小，必有所成。」君子怕享受多了，會減少向上的志氣，寧可守貧、守苦，也要咬緊牙根撐下去。

第二、君子憂道不憂貧：《論語》說：「君子務本，本立而道生。」君子以道德為本，對於貧富不會太計較，他總是憂懼自己的道德沒有完善。處在貧窮時，不會計較生活的困難，衣食不周也沒關係，只希望自己的智慧能增長，所以鑿壁借光、懸梁刺骨者，終於得以成就功名。

第三、君子知義不知利：凡是君子都非常重視義氣、道義、仁義，利害得失都不掛在心上，若有人用利益來引誘他，也不為所動。君子認為，人要自信自守，要有節操，只要是義舉之行，他做得到的，多少的犧牲，多少的奉獻，都當仁不讓。君子善待於人，並能激發他人的自覺和自尊，他們不求名聞利養，只知有情有義，善待身旁的每一個人。

第四、君子成人不成己：君子有成人之美的雅量，不會自私、小氣、嫉妒，他們喜歡成人之美，樂於支助他人的困難，不會汲汲於自己的蠅頭小利，甚至認為別人的利益比自己的利益更重要，別人的成功比自己的成功更美好。君子有種種好的品性，因此能得到讚美，也更能獲得別人的真心友誼。

希望成為君子嗎？做一個君子比較辛苦，福樂先給別人，困難自己擔當；富時以能施為德，貧時以無求為德；貴時以下人為德，賤時以忘勢為德。不論貧富貴賤，只在乎「吾有德乎？」這就是君子做人的品格，也就是佛教所謂的菩提心，君子之品有四點：

第一、君子辭富不辭苦。

第二、君子憂道不憂貧。

第三、君子知義不知利。

第四、君子成人不成己。

君子之行

你希望自己是怎樣的人？又希望別人如何評鑑你呢？若是將你被比成紂王、幽王、秦檜等人，你一定不悅；若是比作伯夷、叔齊、岳飛、文天祥等，你一定歡喜，為什麼？因為前者是無道小人，後者是有道君子。因此，一個人受不受人敬重就在是否有「道」。所謂「君子之行」有那些？以下四點參考：

第一、舉目不視惡色：君子目欲視，當思邪與正，不視其惡色，自清淨其心。一位君子，舉眼之時，不該看的，他不會看；滿面怒容，他看了如不見；妖冶美色，他見了也不惑，凡是會亂人眼目的，他都遠離，不在自己眼裡留下「惡色」。好比佛制八關齋戒，其中有一條「不故往歌舞觀聽」，就是不隨便放縱身心，遠離喧囂。

第二、用耳不聽惡聲：君子他耳中不應該聽的，他不會聽；不好的音聲，他不要聽，邪見的音聲，他不想聽；閒話的音聲，他不願聽。因此，

他耳中沒有鬥惡粗俗之聲，沒有是非歪理之言，甚至邪妄、奸吝、荒誕、不實的稱譽毀謗等等，他都不聽不聞。

第三、非法不敢亂道：君子所行，非法的地方，不去；非法的言論，不說；非法的道理，不信。因此君子做人，他口業不惹過失，不造罪惡，他謹守口德，不罵人、不惡口，具有風度；他常說實話，不兩舌、不綺語，符合道德。他不說則已，要說就說雅言，就說好話，給人啟發，給人明瞭，所以說君子非法不會亂道。

第四、無德不敢妄行：君子自我潔愛，凡不符合道德的地方，他不去；但是，君子求仁，就是千里迢迢，他也會想辦法到達。所以君子處事，凡有所行，都要有道。過去佛門禪師，不是看經，不隨便點一支蠟燭，不是要去拜佛，不隨便走一步路，這就是君子做人，無德不敢妄行。

日本日光東照神宮的門樑上，有三隻雕刻的猴子，神態逼真，其中一隻用手掩住眼睛，一隻掩住耳朵，一隻掩住嘴巴，這是什麼意思？如儒家所說：「非禮勿視、非禮勿聽、非禮勿言、非禮勿動。」日常生活中也應如此，尤其一位君子，每天常自內省觀照，眼耳鼻舌身意六根，是否合於禮？能目不邪視，耳不聞惡，行不亂德，一言一行發自內心，這就是「君子之行」。

第一、舉目不視惡色。

第二、用耳不聽惡聲。

第三、非法不敢亂道。

第四、無德不敢妄行。

君子的心與小人的心

人心有好心、壞心，有真心、有假心，有善心、有惡心等各種不一樣的心，所以經典裡說：「心如工畫師，能畫種種物」，它好比是一位美術師，能可以畫出各種不同的風景；隨其心好，則畫出美好，隨其心壞，則顯出醜陋。那麼君子的心與小人的心有什麼不同呢？

第一、君子之心，欲人同其善：古人說：「君子有好生之德」，是一位君子，他的心是慈悲的，是有道的，是尊重的，是隨喜的。他自己做好，也希望別人更好；他對別人提攜，傾囊相授；他希望青出於藍，更勝於藍。像范仲淹見狄青是人才，授予《左氏春秋》；黃石老人見張良孺子可教，授予《太公兵法》，這就是君子寬大的胸懷，給予提拔栽培。

第二、小人之心，欲人同其惡：小人品性醜陋，懷著假心、壞心、惡心，他們也希望天下都是惡人。像狄更斯《孤雛淚》筆下的奧立佛，遇到小偷朋友，也被逼著當起小偷來了。所謂「近朱者赤，近墨者黑」，你歡喜親近君子，就會有君子的心，假如你歡喜親近小人，當然就會有小人的心了。

第三、君子之心，欲人同其真：君子的心，以誠心為上，以真心為重。古德有〈醒世詩〉云：「明鏡止水以存心，泰山喬嶽以立身，青天白日以應直，光風霽月以待人。」君子就是這樣謙沖真誠，心如明鏡光風，也希望世間所有的人，同他一樣的有真實的心，有善良的心，有美好的心。

第四、小人之心，欲人同其非：小人的心，以奸邪為上，以機巧為重。他們趨炎附勢，巧妙鑽營，以為不必辛勤努力，就能得到輕鬆利益。小人也希望別人同他一樣，同做壞事，同流合污，好比李林甫、高力士之人，他們狡猾聰慧，勾結權貴，專政自恣，剝削良民，只有讓臭名千古留傳。

佛陀曾說，奇哉，奇哉，大地眾生皆有如來智慧德相，只因妄想執著不能證得。無論君子還是小人，原本的心，都是一樣的，只是受到各種因緣條件的影響，慢慢薰染成不同的心。古人說：「親君子，小人不敢近其身；親小人，君子避之唯恐不急。」因此交友非常重要，當要慎重選擇。

「君子的心與小人的心」有這四種分別。

第一、君子之心欲人同其善。

第二、小人之心欲人同其惡。

第三、君子之心欲人同其真。

第四、小人之心欲人同其非。

聖賢之境

自古聖賢為人所景仰效法，所謂「高山仰止，景行行止，雖不能至，心嚮往之！」聖賢的境界，超然物外，而又不離世間人群。他們以宇宙自然為修身養性之境，以高超的人格來感化世道人心，所以「聖賢之境」有四點：

第一、明鏡止水以澄心：聖賢修心，不僅「心如止水」，而且「澄如明鏡」。能像止水一般的清，一般的靜，才不會被外境所動亂。但是「止水」並非「死水」，因此還必須像明鏡一般的澄澈朗照。他能看到自己的本來面目，看到自己的用心，還能看清時勢隱晦，懂得行止進退。所以聖賢「明鏡止水以澄心」，既能「於心無事、於事無心」，卻又心繫眾生。

第二、泰山高崇以立身：聖賢立身，不在居高位，而在修養道德，完成人格，以「聞風景從，風動草偃」來體現生命的價值。所謂「不患無位，患所以立」，所以聖賢以泰山的巍峨崇高自我期許，希望從小我到大我的道德，都是巍巍乎如泰山一樣，這是聖賢立身之道。

第三、青天白日以應事：聖賢應事，以濟世利人為本，著重於該為不該為，而不在乎別人的批評，更不會計較個人的利害得失，甚至犧牲性命也義無反顧。如「精忠報國，壯懷激烈」的岳飛，如「人生自古誰無死，留取丹心照汗青」的文天祥，他們應事的胸懷如青天白日般光明磊落，所以能氣貫長虹，凜烈萬古。

第四、光風霽月以待人：聖賢待人，真摯誠懇，既不傲慢，也不懷成見，所謂「子四絕」——毋意、毋必、毋固、毋我。也就是不疑忌猜測，不堅持己見，不會不知變通，不會以自我為中心。所以聖賢的胸懷灑落，品格高潔，如光風霽月般，晴空朗照，萬里無雲。

聖賢為學，懂得以整個宇宙、人類為師，因此能得眾善之長。所以「聖賢之境」有四點：

- 第一、明鏡止水以澄心。
- 第二、泰山高崇以立身。
- 第三、青天白日以應事。
- 第四、光風霽月以待人。

賢能之學

人之所以成聖成賢，必有其條件。一般賢能之人，除了在能力智慧上勝人一籌，其道德人品必然也是超乎常人之上，此即「賢能之學」，有四點說明：

第一、貴而不驕：「國清才子貴，家富小兒驕」。一個人有了富貴錢財，有了權勢地位而能不驕橫我慢，誠屬難能可貴。因為恃才而驕、恃寵而驕，甚至恃官位、恃富貴而驕，這是人之通病。只是縱觀歷史上多少的帝王，雖然富有四海，威震八方，如果他驕慢無道，不懂得愛護人民，最後總會被人民推翻。所以驕橫必敗，唯有貴而不驕才能受人擁戴。

第二、勝而不悖：人生最大的勝利，不是戰勝敵人，而是戰勝自己。

一個人儘管在商場上春風得意，在工業界財源亨通，在政治上平步青雲，或是在人望上如日中天。但是再多的勝利、再大的成功，都不可以違反常情、不可以違背常理，一定要在社會人情都能接受的情況下，才能真正擁有勝利。所以做人要「勝而不悖」，進而要能去除勝負心，如此才能無諍自安。

第三、賢而能下：自古聖賢明君，大都懂得禮賢下士、謙虛待人，所以才能招賢納士，成就一番事業，而得名留青史。一個人如果高高在上，缺少親和力，令人望而生畏，就會失去群眾，間接也等於失去助緣，如此不但事業難成，其實也是德行上的瑕疵。

第四、剛而能忍：做人剛毅正直很好，但是做人更要剛柔並濟，有剛正的一面，也要有柔和的一面。能柔才能忍，能忍才能面對人生的橫逆，才能全身而退，否則「自古剛刀口易傷」，太過剛硬，往往出師未捷身先死，所以不得不注意。

前人的經驗智慧，是後人學習效法的寶典，現在出版界有所謂的「帝王學」、「管理學」、「財經學」等各種專著問世，其實賢能之學更為重要。「賢能之學」有四點：

第一、貴而不驕。

第二、勝而不悖。

第三、賢而能下。

第四、剛而能忍。

賢愚之別

世間人形形色色，性格也迥然不同，有君子、小人，有忠臣、佞臣，有賢者、愚者。何以名君子？何以為小人？誰是賢者？誰又是愚者？赫爾利說：「賢愚的分別，是在一個人的心念，不在一個人的貴賤」，誠不虛也。是善、是惡，存乎一心，是賢、是愚，是君子、是小人，也都在我們自己的抉擇。「賢愚之間」有何差別，以下四點提供：

第一、智者養心：人心是否養好、養正、養善，都關係一個人的行為、人格特質。一個智者他會注重內心的狀態、思想的得失、人格的開展、氣度的大小，你看歷史上，文天祥養浩然之氣，關雲長養正義之氣，孟子也說：「吾善養浩然之氣」，至今都令人景仰。一個人能注重養心，增長清淨心，實踐慈悲心，心能安然、不斷擴大、漸趨平和，是一位真正有智慧的人。

第二、愚者養身：許多人重養生，這原本也很自然，但如果將心思過度置於

營養、食品、保身、美容等方面，只照顧衣食住行一切外在所需，忽略養心修性，任心妄動、迷闇、造業，那就捨本逐末了。人心本來清淨如水、光明如鏡，只因缺乏智慧、慈悲、道德的疏導，任由一顆心掀起波浪，不能平衡，以致達不到真正的健康。因此，在養身之餘，更應加強養心的功夫，才是根本之道。

第三、君子養德：君子者，莫不以修身養德、恕己及人為重。古人云：「土扶可城牆，積德為厚地」，也就是重視「德」的養成。養德有那些？中國人講的四維、八德，佛教的三皈、五戒、六度、四攝、十善、自覺覺他、自利利人等，這些都是養德的方法。

第四、小人養威：一個小人，他不注重道德、不注重人格，他養什麼？養威。他重視威勢，長於吹捧逢迎、勢利偽裝，一心算計別人。他要你畏懼他，要你在他的威勢之下崇拜、屈服、生存。這樣的人無品少德、滿懷私欲，只重視個人的利益，喜愛搬弄是非，並以此為樂、為傲，實在是不足以取。

生存在紛雜擾攘的社會中，如何親近君子、遠離小人？讓自己擁有智者的大氣，而不是愚人的昏昧？在行住坐臥、起心動念間，養心、養德，成熟心志，擴大生命視野，

以上四點，值得參考。

第一、智者養心。

第二、愚者養身。

第三、君子養德。

第四、小人養威。

智者所求

一般人常常要求別人，甚至要求佛祖、要求神明、要求國家、社會、父母、朋友。一個有智慧的人，他不會要求這麼多，而是要求自己；如果自己都要求不到，如何去要求別人呢？關於「智者所求」，有四意見提供參考：

第一、在行為上要求規矩：《禮記》說：「禮義之始，在正容體、齊顏色、順辭令。」我們身口意的行為，都要有規矩。說話言談中，有講話辭令的禮節，不能粗魯放肆；舉止動作間，有行動姿態的禮儀，不能矯情做作；待人處世時，有接待行誼的態度，要能不陋不悖。總之，一切的行住坐臥都要有規矩，就如孟子所說：「不以規矩，不能成方圓。」有了規矩才能提昇自我的人格、威儀與形象。

第二、在信仰上要求正見：一個人不能沒有信仰，不管你信仰什麼宗教，或是崇信那個主義、那一種思想，總之都應該要有信仰。有了信仰之後，最重要的，是要有正見；沒有正見，容易隨俗沉浮、盲目跟從，而成為迷信或是走向負面的人生。所以，信仰沒有正見做前導，就好比失去方向的舟航，迷失在茫茫的大海中，不知何處是歸程，因此信仰一定要有正見。

第三、在工作上要求勤奮：富蘭克林說：「懶惰使事情變得困難，勤勉使事情變得容易。」我們不管從事哪一種工作，最重要的是要勤勞奮發，如果不肯勞動，即使黃金隨著潮水流過，你也懶得起身將他撈起。所以有句諺語說：「勤奮是道路、苟安是懸崖、懶惰是墳墓。」凡事只要能勤奮去做，沒有不能完成的；勤奮，才能走向成功之路。

第四、在生活上要求簡便：日常生活中，如果我們過份放蕩奢華、安逸浪費，即使有再多的財富，也有用完的一天。我們看王永慶，雖富甲台灣，但他的一條毛巾用了幾十年，因此一個真正成功的人，他在生活上一定要求簡便。比方說穿衣只為避寒，

吃飯只為了裹腹，居住只要求有個舒適的家；養成了淡泊簡便的習慣，就能去除侈靡與浪費。

《禮記》說：「傲不可長，欲不可縱。」一個有智慧的人，不求一時的享樂、不圖一時的安逸。自古以來，賢士之氣，大都在清心寡欲中表現，而操守品德，也都在享樂中殆盡，所以吾不人可不慎。「智者所求」有四點：

第一、在行為上要求規矩。

第二、在信仰上要求正見。

第三、在工作上要求勤奮。

第四、在生活上要求簡便。

有智者不爭

人生最重要的，不但要知人，還要知己；不但要知事，還要知理；不但要知此，還要知彼。因為能知，就不會與人爭；能知，就不會不平，就能自在。所以「有智者不爭」，有四點意見：

第一、勿與積聚人爭富：世間上有很多有錢人，雖然富可敵國，因為只知道積聚財富，而不懂得「錢用了才是自己的」，因此成了富有的窮人。因為他們的錢只是存在銀行裡，或是放進撲滿裡，每天只是提心吊膽，害怕財富被人偷盜，結果存了一生的積蓄，自己欲從來沒有享用過。這樣的人，是貪求執著的愚者，因為有錢是福報，會用錢才是智慧，所以做人不要只會積聚財富，而要善用財富。

第二、勿與進取人爭貴：有的人每天汲汲於鑽營地位權勢，或許他因此高昇榮顯。但是面對這樣的人，我們不必羨慕，也不必計較、不平，因為一個人一生的成就，不是以官位高低來衡量，而是要有道德，要廣結善緣，要多行善事，如此才能

受到他人的肯定。否則「宦海浮沈」，一旦失去權勢時，人生的價值又是何在呢？

第三、勿與矜飾人爭名：有的人為了沽名釣譽，不斷地掩短飾長，只為爭取功名祿位。荀子說：「長短不飾，以情自竭，若是則可謂直士矣！」一個人能將真實的一面表現出來，才是正直之人。除此之外，我們鑑古推今，但看漢朝時同輔劉邦奪天下的張良與韓信，一個懂得功成身退，一個誇功爭名，結果隱退者得全身，爭勝者被殺戮，所以，人生以踏實為德，實在不必爭功奪名。

第四、勿與狂傲人爭禮：世間上有一些自視很高的狂傲之人，要求別人對他要畢恭畢敬，不可有一點怠忽。這樣的人，我們無須對他不滿，或是要求他對別人也要禮尚往來。如孟子說：「愛人者，人恆愛之；敬人者，人敬之。」一個人只要有高尚的品格，懂得尊重別人，自然會受人尊敬，否則欲得別人的禮遇，往往求榮反辱，所以不必與狂傲者爭禮。

《戰國策》云：「無其實而喜名者削，無德而望其福者約，無功而受其祿者辱，禍必握。」一個沒有真才實學的人，只知一味的貪圖虛名與權勢，總有一天會從高位榮顯中墮落。所以一個有智慧的人，要爭的是道德與人品，而不是爭外在表相的虛華。因此，「有智者不爭」有四點：

第一、勿與積聚人爭富。

第二、勿與進取人爭貴。

第三、勿與矜飾人爭名。

第四、勿與狂傲人爭禮。

領導人的條件

家庭有家長領導子女，學校有校長領導師生，公司有主管領導部屬，國家有元首領導百姓；任何一個團體，都需要一位領導人。領導人很重要，他是整個團體的靈魂人物，主導這個團體的勝敗興衰。領導人要具備什麼樣的條件，才能讓他所領導的團體有所進步、有所發展？歸納出以下四點意見：

第一、讓人的思想能得到自由：「思」是心靈的活動，有思想，才能夠明辨真理。思想自由，正是推動人類社會進步的動力。身為領導人，必須讓下面的人擁有思想與言論的自由，讓他敢想敢言。如果領導人抑止了大眾思想的自由，等於抑止了進步的機會，這就不能成為優秀的領導者了。

第二、讓人的生活能得到自在：身為領導人，讓下位者常常感到生活不自在，如吃、住不自在，做任何事情都不得自在，領導人就必須自我檢討了。一個充塞動亂的國家，人民的身心靈長期處於恐慌、不安定的狀態，生活如何得以自在？《心經》有云：「心無罣礙，無罣礙故，無有恐怖，遠離顛倒夢想，究竟涅槃。」身心無所罣礙，才會清安自在。因此，讓下位者安心安住，生活自在，是領導人必然的責任。

第三、讓人的教育能得到增長：教育是人類傳遞和開展文明的方法，具有培育人才、促進社會進步的功能。身為領導人，不能光是壓制下面的人，必須讓他不斷地進修，多元化的學習，使其心智、技能不斷地成長。許多成功的企業、團體，會給員工在職進修的機會，甚至安排他們到國外參訪或深造，即是希望藉由教育，進一步發揮他們的潛能與創意，使其有更卓越的表現。

第四、讓人的安全能得到保障：領導人若讓下位者，每天處於恐怖、憂愁裡，如擔心家庭經濟，擔心居家、生命安全等等，他就無法安心工作。唯有使屬下

的安全得到保障，才能使之歡喜而無後之顧的工作、生活。

想要成為領導人，除了本身須具備專業能力，更應讓團隊中的每一個人感覺自己受到重視，自己的前途有希望。如果家庭裡、團體裡，乃至社會、國

家，所有的領導人都能做到這四點，必定可以成為卓越的領導人。

第一、讓人的思想能得到自由。

第二、讓人的生活能得到自在。

第三、讓人的教育能得到增長。

第四、讓人的安全能得到保障。

美麗的現代人

每一個時代，對於「美」有不同的標準，所謂「環肥燕瘦」，漢成帝寵愛瘦瘦的趙飛燕，因而造成漢末一股「瘦就是美」的風潮；因為唐明皇寵愛胖胖的楊玉環，因此，豐滿圓潤就成了唐代的美女標準。現代人的審美標準又如何？面容嬌美、儀態萬千的俊男美女才算美？對於美麗的現代人標準，我們有四項看法：

第一、有聲音有表情：所謂的「有聲音」，是指在適當的場合，勇於發表自己的看法，且是言之有物，而不是無的放矢；有表情的人，在應對進退中，懂得以臉上的表情及適度的肢體語言，如微笑、傾聽、專注等，來表達對人的贊同、包容、尊重或善意。有聲音有表情的人，是面容最美的現代人。

第二、有美言有動作：黃鶯的聲音清脆婉轉，所以受人喜愛。一個會說話的人，說的都是好話、讚歎人的話、鼓勵人的話，就如「黃鶯出谷」，讓人覺得悅耳動聽。靈慧善巧的人，對於別人的表現，會以動作如鼓掌、點頭、豎起大拇指等，來表達讚歎，絕不會以誇張或粗魯的動作傷害別人。有優美言語與動作的人，是行動最美的現代人。

第三、有見解有建議：一個人光是外表美，卻沒有見解、沒有思想，就會落得「金玉其外，敗絮其中」之譏。佛陀說法，常叮嚀弟子：「諦聽！諦聽！善思念之。」就是提醒弟子要思維法義、要有思想，並說：「諸供養中，法供養第一。」有思想見解之後，還要將佛法、道理貢獻給別人，讓別人也能受益。內在學養豐富，又不吝法布施的人，是思想最美

的現代人。

第四、有信仰有慈悲：有些人會說：「只要我心好，沒有宗教信仰也不要緊。」任何一個正信的宗教，都是教導我們圓滿人性的真、善、美。既然自認心好，為何要排斥宗教信仰呢？有了信仰的力量，道德會有增上的推力，人品會更端正，有了信仰，對於慈悲的體認也會更深刻。有信仰有慈悲的人，是德性最美的現代人。

作為一個現代人，不僅要擁有亮麗的外在條件，也要有深刻的內涵修養，才稱得上是最美的現代人。能擁有這四項要點，每個人都可成為現代最美的人：

第一、有聲音有表情。

第二、有美言有動作。

第三、有見解有建議。

第四、有信仰有慈悲。

學做地球人

現代的世界由於交通便利、資訊發達，國與國之間的界線，日益淡化，種族與種族之間的距離，漸漸縮小，可說是咫尺天涯，近若比鄰，地球村的時代已經來臨，所以每個人都應該學做一個地球人。如何做一個地球人呢？

第一、做一個平等的地球人：佛教裡有句話說：「願將佛手雙垂下，摸得人心一樣平。」平等的地球人，對於所有人等，能尊重愛護，沒有紛爭；對於不同種族，能用心平等，沒有歧視；對於世界上大小國家，不管是強者或是弱者，能互通往來，沒有排擠，體認萬法緣生，彼此密切，才能做一個平等的地球人。

第二、做一個共生的地球人：地球上的每一個人都不能離開別人而存在，都無法離開因緣而獨立。我們的衣食住行，隨時隨地都仰賴著社會大眾的供應。生病時，有醫師療護，學習技能智識，也要有老師先輩教導，甚至出國旅遊，也要有飛機運載才能到達目的地。所以，我們要大其心，厚其德，認知大家是生活在同一個地球上，彼此互助合作，彼此心懷感恩，才能共生共存。

第三、做一個尊重的地球人：地球上的人類，雖然有男女老少、貧富貴賤的不同，雖然有人種、膚色、性情的不同，但是人格一樣，都應該受到大家尊重。與人相處往來，互換立場，要為對方著想，尊重別人的生命，尊重別人的身體，尊重別人的財富，尊重別人的名譽，所謂「敬人者，人恆敬之；愛人者，人恆愛之」，尊重他人，人家自然尊重。

第四、做一個包容的地球人：法國文學家雨果說：「世界上最寬廣的是海洋，比海洋寬廣的是天空，比天空更寬廣的是人的胸懷。」世界上遍布著眾多的不同，舉凡生活環境、民情風俗、語言文字、思維模式的不同，但也因為各種「不同」，而展現世界多采多姿的風貌。

所以，人在思想上要建立包容的觀念，才能將自己融入世界裡；一個人的心胸有多大，世界就能有多大。世界不是一個人的，是大家共同擁有的，所以做為一個地球人，有四點建議：

第一、做一個平等的地球人。

第二、做一個共生的地球人。

第三、做一個尊重的地球人。

第四、做一個包容的地球人。

現代青年

過去有一個西洋哲學家說：「要我看看你的國家，先看看你的青年。」可見青年對未來國家、社會的重要。青年要開發心田，耕耘心地，並發掘內心的財富，尤其要發心立願，不斷地為自己、為社會、為國家的未來，作有計劃的學習，才能展現實力，成為時代青年。現代青年應該具備怎樣的態度呢？

第一、要有開闊包容的心胸：這是一個開闊的時代，青年更應以天地為心，所謂「心包太虛，量周沙界」，你放大胸懷，所有的世界、宇宙、乾坤，都會納到心中來。因此，你的心量有多大，世界就有多大。好比明太祖的「天為羅帳地為氈，日月星辰伴我眠」的氣魄，青年要放眼世界，觀望未來，繼承過去聖賢之學，培養開闊包容的心胸，開啟未來萬世之生命。

第二、要有服務度生的悲願：青年有強健的體魄強，應該發心多做事，多學習，時時刻刻志在服務大眾，念在普度眾生，願在普濟社會。不要斤斤計較於個人、私我，那是沒有什麼大成就的。只要有悲願，就有力量，就能精進不懈，甚至遭逢橫逆、挫折也不計較。從服務度生中，開發自己小我的生命，融入大眾的生命，啟發豁達的胸襟。

第三、要有德學兼具的才華：儘管時代瞬息萬變，學問不斷推陳出新，道德仍是做人處世的準繩。新時代企業，還是回到講究倫理、誠信、道德，沒有道德的學問，做事容易失去原則，作學問也會有差錯；沒有學問的道德，恐有愚痴之行，所以道德和學問同等重要。

第四、要有涵養謙讓的美德：青年人的毛病往往在趾高氣揚，目空一切，所謂「滿瓶不動半瓶搖」，太急於表現，深怕別人不知道我，因此還沒有修學圓滿，就到處自我膨脹、自我推銷，這樣，反而容易給人看輕。青年要學習稻穗，金黃飽垂才是成熟。成功的人，表現越謙卑退讓，對人越恭敬有禮。因此現代青年人，必須要有涵養謙讓的美德。

現代青年，要開闊胸襟，熱心為人，要有真才實德，內涵學養，才能成為卓爾特出人。對現代青年，有四點意見：

第一、要有開闊包容的心胸。

第二、要有服務度生的悲願。

第三、要有德學兼具的才華。

第四、要有涵養謙讓的美德。

有為的青年

佛經有一句話說：「長者不必以年耆。」同樣的，青年也不一定以年齡來分界，有時候雖然年紀老大，但他富有朝氣熱忱、精神活力，他就是青年。有為的青年，是國家的棟樑，是社會的中堅，是家庭的支柱，是眾人的榜樣。怎樣成為「有為的青年」呢？有四個條件：

第一、青年要勇於負責：所謂青年，他的責任感特別強烈，不推諉，不推託，不會什麼事情要別人來做，自己就能直下承當，即使是苦的、難的，他也勇於擔當，敢於負責。好比諸葛亮在〈出師表〉裡說：「受任於敗軍之際，奉命於危難之間。」他就是有這種萬夫莫敵的勇氣負責，這就是有為的青年。

第二、青年要立志奮鬥：青年是美好人生的開始，青年不是消極、不是保守、不是因循，他不斷上進，不斷朝更好、更美去努力實踐。有一位年輕成功的企業家說：「我有很多錢，可是我還在工

作，我是貪求無厭嗎？不是，是以事業度過時間。我自奉甚儉，不抽煙，不喝酒，不去娛樂場所。下班回家，就是一杯清茶，看看報紙，如此而已，一天過去，第二天又帶著飽滿的精神開始工作。」由此可知，一個人成功，絕不是從安逸享受中得來，而是從不停的奮鬥中獲得；在工作裡，生命熱力才有辦法發揮，人也活得才有意義。

第三、青年要富於正義：青年他具有正義感，負有同情心，他不做偷雞摸狗的事，你來我往之間，講究正直無私，講究義氣情誼，這就是青年的可愛之處。東漢董少平為官清廉，即便是公主權貴，他一樣執法無私，正義凜然，在他擔任洛陽縣令的時候，可說是清平之治，百姓安居，因此有「桴鼓不鳴董少平」的稱頌。

第四、青年要健全人格：人格如窗戶，一格一格不能錯亂，不能東歪西斜。青年要培養端正人格，才會受人肯定。比方有美德、有忠誠、講責任、富正義等等，這都是有為青年的人格。如果超出這人格之外，就不像一個人，更遑論像一位青年了。

青年要有禮讚生命的感恩，青年要有自覺信念的價值，學習高MQ（智商）、高EQ（情緒管理）、高IQ（美德教育），自我調適，朝向立定的目標前進，有朝一日，必能發展自我理想。怎樣做個有為青年四點：

第一、青年要勇於負責。

第二、青年要立志奮鬥。

第三、青年要富於正義。

第四、青年要健全人格。

因人而予

佛陀說法時，常因眾生不同的根機，而給予不同的教導。智慧如須菩提者，佛陀為他們說「空」理；鈍根如周利槃陀伽者，佛陀就叫他掃地。對一些貪戀世間繁華的人，佛陀說世間「苦、空、無我、不淨」；對那些嚮往涅槃的人，佛陀則說「常、樂、我、淨」的涅槃境界，增加他們的欣樂之心。我們雖沒有佛陀「觀機逗教」的深智，但在與人相處時，也應視對象的不同，而給予不同的對待。

第一、以實情給君子：「君子之交淡如水」，水的本質是清澈透明的，有魚蝦現魚蝦，有水草現水草，甚至雲影徘徊，千江映月，它都不曾隱瞞什麼；任何事物在水的面前，所映現的就是該物的面目。我們與君子相交，就如同面對一泓清水，宜以真誠無偽的心來相處，不矯情、不虛詐，以實在、誠實的態度坦然相待。

第二、以善態給小人：俗語說：「寧願得罪君子，不敢得罪小人。」君子風度泱泱，心胸雅正，你對他不禮貌，他也只一笑置之。若是小人，一個不經意的眼神，一句不得體的話，他可能就耿耿於懷，甚至伺機找麻煩。因此，跟小人相處，態度要更友善，說話要更謹慎。

第三、以禮節給平輩：對待朋友、兄弟、同事，要有禮節。應該尊重者，給予尊重；需要幫助者，給予幫助；對方遭遇挫折時，為他打氣加油；對方有福吉之事，衷心讚歎助喜；對方有不是之處，婉言相勸。能與平輩如此相處，才符合孔子所說：「朋友切切偲偲，兄弟怡怡。」

第四、以恩惠給下人：要得到部下、管家、佣人的心，與他們相處時，要給予恩惠。在他們有需要或困難時，不吝伸出援手，必能得到他們真心的感激。作上司、雇主的人，在金錢上不要太過苛刻、吝嗇，能在有形的物質上慷慨，對方也會感恩圖報，在工作上更用心，而讓我們在無形中收穫更多。

大部分的人都想給人真心，給人意見，給人好意，給人恩惠。如果給的不得體，或許只能「事倍功半」；如果具備分辨對象根性的智慧，往往會有意想不到的效果。可見「因人而予」，學問甚大。

第一、以實情給君子。

第二、以善態給小人。

第三、以禮節給平輩。

第四、以恩惠給下人。

怎樣有人緣

一個人要想成功立業，「人緣」是重要的條件之一。人緣好，很多事情不求自有，處處順利；人緣不好，縱有十八般武藝，麻煩阻礙還是很多。如何才能得到人緣呢？有四點建議：

第一、開放不固執：近代以來，已發展到多元化的時代，人與人關係密切，因此，凡事要以開放的胸襟，才能夠與人合作、進步快速。像日本明治天皇即位後，放棄長久以來的「鎖國政策」，進入國際社會，使得日本迅速列入開發國家。同樣的，一個人要也放棄固執傲慢、自我封閉，否則再好的因緣，都會擦身而過，實在可惜。開放心胸，才能謀求人際關係的和諧共榮。

第二、幽默不古板：衣服破了，可以用針線彌補起來。人際相處難免有缺失，這時可以靠幽默來維護。尤其東方人的性格較為嚴謹、古板，容易墨守成規、停滯不前，遇到挫折難堪，一句幽默的話語，可以化解尷尬；一個嚴肅議題、僵持的議案，適時的幽默，消除凝重的氣氛。幽默，才能自在與人相處，增添歡喜。

第三、溫馨不冷漠：冷漠是人際往來最大的障礙。當我們流露一副冷漠的表情，得到的反應，當然也是一副冷面孔。一個家庭冷漠，親情必定淡薄疏遠，沒有向心力；一個社會冷漠，彼此一定猜忌隔閡，難以產生信任。要化解心靈的寒冷，就要以溫馨來代替冷漠，就像太陽一出來，冰雪就漸漸融化了。

第四、真誠不矯情：有些人為了達到目的，總會玩一些小聰明、耍一些小把戲，或者做一些小動作，潛藏之下的是貪婪、勢利和傲慢。明‧憨山大師云：「人從巧計誇伶俐，天自從容定主張，諂曲貪瞋墮地獄，公平正直即天堂。」不能誠以待人，總會遭到大眾批評，態度誠懇、如實莊重的言行，才能獲得信任與看重。

好人緣不是憑空而有，日常生活中，懂得為人留一點餘地，為人多一分設想，處處以巧心智慧體貼別人，觀照四方、面面俱到，當然容易得到大眾的認同，歡喜與之親近了。所以想得到人緣，有以上這四點方法。

第一、開放不固執。

第二、幽默不古板。

第三、溫馨不冷漠。

第四、真誠不矯情。

成功的敵人

每個人都想創造成功的人生，但成功的定義卻不盡相同。有的人覺得平安是最大的福氣，如蘇東坡有詩云：「人皆養兒望聰明，我被聰明誤一生，但願我兒愚且魯，無災無難到公卿。」但更多的人希望成就輝煌，成為英雄，做企業家、文學家、政治家……等。人人企盼成功，但不是人人都能成功，為什麼呢？以下四點是成功的敵人：

第一、沒有目標：沒有目標的人，三心兩意，做這個也好，做那個也不錯，結果什麼都使不上力。好比沒有根的浮萍，順著水勢到處漂流，沒有依靠；又如同沒有方向的舟船，隨意航駛，靠不了岸。想要成功的人，要像籃球要投入球網，棒球要奔回本壘，足球要踢進球門一樣，有個明確的方向，朝一定的目標前進，才能成功。

第二、沒有組織：有些人創業，一時興起，找了志同道合的朋友合夥，可是運作亂無章法，沒多久就倒閉。《梁書》〈羊侃傳〉云：「景進不得前，退失巢窟，烏合之眾，自然瓦解。」沒有組織、沒有紀律，只是暫時湊合在一起，就像一盤散沙，難以成事。凡事都要有計畫、有組織、有流程、有權責區分，讓參與的人都能分工合作，事情才會做得成功。

第三、沒有行動：戰國趙括擅長談論兵法，卻不知變通，結果長平一役大敗，被譏為「紙上談兵」。道理懂得再多，光說不練，沒有行動，也是說食數寶。好比學游泳，不肯下水，還是旱鴨子。佛教說「行解並重」，知道之外，還要老實的行動實踐，才有成功之時。

第四、沒有毅力：古人曾說，滴水能穿石，愚公可移山，只要工夫深，鐵杵磨成針。這也就是說，一個有毅力、有魄力的人，一切「不可能」的事，會變成有「可能」；相反的，沒有恆心，沒有毅力的人，所有的「可能」，也會變成「不可能」。所謂「沒有勇氣，克服不了困難；沒有毅力，成就不了事功」，想要成就一切事，毅力是不可缺少的元素。

成功最大的敵人是無心，想要成功，就要發心。發心吃飯，飯中自有菜根香；發心讀書，書中自有千鍾粟；發心走路，就能走得遠；發心學道，就能日有所悟。要成功，就要遠離以上這四個敵人。

第一、沒有目標。

第二、沒有組織。

第三、沒有行動。

第四、沒有毅力。

再談成功的敵人

成功不是偶然的，成功的人大部分具有遠見，立定目標後就勤奮好學，朝著目標努力不懈，堅持到底。他們的眼光看得比別人遠，比別人多一點心，多一分關注，因此能夠成功。而不能成功的人，通常是遇到了成功的敵人，有那些呢？

第一、自暴自棄：人生最大的悲哀，就是對前途沒有希望而自暴自棄。其實，當一個人遭遇逆境、挫折，只要肯改善因緣、發心利人，就能重燃希望。醜女投河，老和尚開導她：「人有兩個生命，第一個自私的生命已死，第二個利人的生命，可以為人服務而再生。」因而轉化心念，改變一生；癌症患者，一心投入公益活動，重燃生命光輝。所以，遇到任何不幸的打擊，都要從困難中找到奮鬥的途徑，從哀傷中體會生命的喜悅，千萬不可頹廢消沉，自暴自棄。

第二、虛榮不實：所謂「金玉其外，敗絮其中」，一個人愛慕虛榮，日常用品、穿著衣物，都要講究名牌；凡事愛出風頭、喜歡受人讚美、吹捧自己等，諸多的浮華不實，都是虛榮心的表現。英國哲學家培根說：「虛榮的人被智者所輕視，愚者所傾服，阿諛所崇拜，為自己的虛榮所奴役。」真正的成功，不會因為一時的虛榮而沾沾自喜，腳踏實地才是務實之道。像玄奘大師的「言無名利，行絕虛浮」，正是最好的學習典範。

第三、掉以輕心：做起事來覺得很順暢，反而容易疏忽大意，釀成大禍。因此越是平坦的地方，越是有暗坑，有危險。唐朝烏窠禪師經常棲身樹上，大詩人白居易見到便說：「禪師，住在樹上太危險了！」禪師笑說：「宦途凶險，伴君如伴虎，浮沉無定，才是隨時隨地都有危險。」所謂「天有不測風雲，人有旦夕禍福」，一個有智慧的人，隨時隨地都會謹小慎微，免得臨事時驚惶失措。

第四、驕傲自矜：所謂「驕兵必敗」，在世間做人處事，不必害怕困難挫折，有時太順遂，容易養成

驕傲自大，甚至引人嫉妒；於艱難困苦裡完成目標，可以鍛鍊心志，才不會稍稍擁有一些名利，就志得意滿，盛氣凌人；也不會要求別人凡事聽命於我，過於順心如意，反而養成剛愎自用的個性。一個人能夠「富而不驕矜，貧而有傲骨」，自能活得安然，活得有尊嚴！

「處世不求無難，世無難則驕奢必起；於人不求順適，人順適則心必自矜。」什麼是成功的敵人呢？有四點意見：

第一、自暴自棄。

第二、虛榮不實。

第三、掉以輕心。

第四、驕傲自矜。

成功的人

一個想要得到成功的人，一定要重視自身的管理。墨子云：「子不能治子之身，焉能治國政？」連自身都管理不好，是不能治理好國家政事的。自我管理，舉凡意志力、理性的智慧、人生觀、價值觀等，都會決定一個人做事的成敗。

「成功的人」必須具全的四個要素，提出來作為大眾參考：

第一、要有果斷的魄力：成功的人要有果斷的魄力。無論是政治家、軍事家、企業家，甚至自我管理時，面對所有裁決時，不能猶豫不決、優柔寡斷。就像禪門中的明心見性，是一種由本性自然流露的智慧，不假思索，「喔！這就是了。」從而發展創造力與判斷能力，才足以適應現今快速動盪的E化時代。

第二、要有理性的決策：現代企業管理中，「決策」是管理者最重要，也是最主要的工作。決策必須要有理性，必須透過客觀、平等的智慧，以理性、冷靜的態度作決策，不能意氣用事。一個人的決策能力，影響行事成敗；一個領導者的決策方向，影響團體未來的發展；因此理性的決策，不可不具備。

第三、要有樂觀的態度：身為領導人，要能自我肯定，追尋正面的目標。將全副心力專注於當下，不後悔過去，也不憂慮未來。面對屬下，不以上對下的姿態氣勢凌人，你樂觀進取、散播歡喜，反而會讓每個跟隨的人心甘情願，樂於效命。因此，樂觀，會讓生命熱絡起來，樂觀，會讓人們充滿希望，發揮力量，才有成功的希望。

第四、要有進取的精神：想要成功的人，除了承擔自我，肯定自覺的能力，進而更要以積極的態度來開展自我，進取的精神就很重要了。以進取心，以身作則，跟隨你的人，都願意與你同甘苦、共患難，為實現目標而齊心奮鬥，才能充滿活

力，不斷開拓前進。

古代有所謂「內聖外王」的德治管理，從自我約束、自我控制、自我管理開始，做好內在德性昇華，才有餘力行「外王」，以自己的聲望和威信去教育別人、管理別人，不但是成就一個成功的自己，更是一個成功的團隊。

「成功的人」需要具備的四個要素：

第一、要有果斷的魄力。

第二、要有理性的決策。

第三、要有樂觀的態度。

第四、要有進取的精神。

成功動力

每個人都希望成功，學生期盼考上理想中的學校、商人渴望事業飛黃騰達、父母期待教育子女出人頭地。雖然古諺有說「失敗為成功之母」，失敗並非完結，勇敢面對，還可以奮起飛揚，甚至可能帶來更大的成就。但人們以為成功帶來榮耀，失敗帶來沮喪，誰都不願意失敗。但是成功必須具備成功的因素，這些因素是成功的動力，在那裡呢？這裡提供四點：

第一、慚愧是動力：在佛經裡面說：「慚恥之服，無上莊嚴，」又說「慚與愧二者能使一切言語行為光潔，所以叫做二種白法。」有慚愧心的人，懂得自我反省、勇於改過，知道自己有所不能、有所不及，要努力的地方很多，便會發心立志，勇往向前，一旦潛能發揮，成功指日可待。所以人要有慚愧之心，才會有進步的動力。

第二、謙讓是動力：一個人如果總是與他人爭強鬥勝，圖占上風，甚至為了擁有權利及地位而不擇手段，這樣即使一時贏得了勝利，卻也因此輸掉了道德及人情，這不但不是成功，反而種下了重大失敗的禍因。「謙讓」就是對他人能力的肯定與認知，凡事不一定由「我」主導，要懂得留一點機會給人。不傲慢、不自大，自然能受到大家的敬重，做起事來助緣多，也就容易成功。所以謙讓就是一種動力，在事業發展中是必要的條件。

第三、忍耐是動力：諺語云：「萬事皆從急中錯，小不忍則亂大謀。」要成就一件事情，須要觀察時機、等待因緣。急，「不得」。忍耐是一種承擔、一種處理、一種等待，也是對因緣法的認識。所以不可小看忍耐的力量。許多事業有成者都在忍耐多次失敗後，愈挫愈勇，最後得到全面的成功。因此幻想一夕有成，不如在艱難困苦當中忍耐、涵養，一旦時機成熟，必然能夠水到渠成。

第四、智慧是動力：智慧，不是賣弄機巧聰明，而是因為經過了養深積厚、人格成熟、眼界寬廣，又有處理即時困難的擔當，以及權巧應對的內涵之展現。一個有智慧的人，做起事來理路清楚，什麼時候該說、該做、該加強，了然於心。

綜觀各大成功企業，除了上下同心，主事者善用智慧管理及決策也是成功的關鍵之一。有智慧的人，最大的內心能源就是樂於成就他人，所以眾緣也都來成就他，就像一位善於溝通的外交官，能排除各種利害關係，搭建國與國之間真正的友誼。所以想要成功，要有下面四種動力：

第一、慚愧是動力。

第二、謙讓是動力。

第三、忍耐是動力。

第四、智慧是動力。

成功要件

做一件事想要成功，想要完美，成功的條件不可缺少。就像種花，除了陽光、空氣與水的基本養分，不能缺少「有機」肥料的滋養。亦如做事成功的條件，要有身心的調和。品德與意志力的健全，是內在成功要素；強身與廣學多聞則是外在的努力。

以下提供四點「成功的條件」，作為吾人處世方針：

第一、要有高尚的道德：孔子說：「為政以德」，又說「德不孤，必有鄰。」一個想要成功的人，應努力提高自己思想道德的境界，使自己成為一個有仁德的人。一個具備高尚品德的管理者，他能打從內心時時刻刻為員工、部屬著想，才能實行仁義管理，真正做到寬仁德厚。由於他的以身作則，上行下效，也才能達到「正身治人」的成效。

第二、要有堅毅的魄力：面對瞬息萬變的時代，各種環境因素變化不斷，具備先見之明的直觀智慧，就很重要了。一個人要成功，事前做好周全的準備，臨事必須要有魄力，禪門所謂「擬思便乖，動念即錯」，在實踐之初必然面對許多困境，這時要有當機立斷的勇氣，所謂負責、擔當、勇敢、決斷的精神都是不可或缺的。

第三、要有強健的身體：很多人由於自己身體不好，而影響了企業的發展。體力不好，就不能工作、不能開會、不能辛苦等。身體不健康，不僅對事業會產生影響，在做人方面也容易產生缺失，因為無法聯誼，也無力主動去關心，更不能具足擘畫千里的衝力。所以一個人想要成功，強健的體能是很重要的。

第四、要有淵博的見聞：一個人想要成功，不能孤陋寡聞，要能高瞻遠矚、心胸廣闊。識見可以靠自我充實、廣學多聞來提升；心胸則要自我培養，以不斷的歷練來增加。好比一個企業家，對於經營哲學、管理技巧和組織運作方面的知識都要

具足，並作市場調查，以掌握產品的銷售情況。若從事教育，則要了解學生素質、師資來源等。不管是什麼工作，都要預備足夠的知識，所創造的事業才會成功。

在家庭中，你希望成為一個成功的家人；在社會上，你想要做一番成功的事業。這兩者其實是一體兩面，互相依存，互相成就的。其中，更不能缺乏「成功的條件」，因為這是成功人生的四把鎖鑰。

第一、要有高尚的道德。

第二、要有堅毅的魄力。

第三、要有強健的身體。

第四、要有淵博的見聞。

成功的進階

孩子成長需要時間，學生讀書要有次第，一個家庭經營要成功，一個事業管理要成功，也都是一時一時、逐步逐步成功。成功不可能等著別人給我們，或是天上掉下來就有，而是要靠自己雙手去努力獲得。怎麼樣才能登上成功的階梯呢？有四點意見：

第一、以學問來磨練氣質：世間上無論做什麼事情，都要講求學問，你沒有令人欣羨的「學歷」，也要有自修自學的「學力」。無論那一行、那一業，唯有透過自我教育、充實學問，才可以磨練自己與時俱進，適應任何階段的成長。能把自己懶惰、庸俗的形象，磨練成精勤、上進的氣質，那麼你成功的階梯，就跨出第一步了。

第二、以禮法來檢束身心：禮法道德，是做人本來應該具備的，即使到了二十一世紀，世界各大企業家紛紛主張，一個企業的永續經營，終究必須回到品格道德來訓練人才、培養人才。能夠以禮法、以道德來檢束自

己身心的人，會受到他人更大的歡迎、尊重與信賴，他的成功之路，也就更進一步了。

第三、以益友來做為良師：人不能單獨生活在世間，無論什麼都是他人的供給、護持才能擁有。因此，我想要有所成就，也是要靠良師益友來助成。所謂：「在家靠父母，出外靠朋友」，益友就是資糧，以他們做為我自己老師，互相規勸、互相諫言、互相幫助，會增長我們的實力，增長彼此的善緣關係。

第四、以勤儉來成就事業：古人有云：「勤是搖錢樹，儉是聚寶盆。」自古以來，沒有聽過以奢侈浪費而能成功，只有因此而倒閉失敗。勤儉是創建一切事業的最大動力，能勤就能完成，能儉就能致富，所以說勤儉必定成功。

讀書有階段，從小學、中學到大學、研究所，乃至博士班；修道也有階梯，從十信、十住、十行、十回向、十地，到等覺、妙覺而完成菩薩道，最後才能成就佛道。科技產品不斷更新，電腦產業不斷升級，一個人也要不斷自我超越，才能有所成長、成就，這四點成功的進階方法，可以作為參考。

- 第一、以學問來磨練氣質。
- 第二、以禮法來檢束身心。
- 第三、以益友來做為良師。
- 第四、以勤儉來成就事業。

成功的力量

有一句成語：「眾志成城」，意指集合眾人的意志力量，就可以無堅不摧、無事不成，這意志心念就是成功的共識。這世間無論成就什麼，都要有力量，你做事，要有勤勞力；你說話，要有親和力；你讀書，要有慧解力；你發心，要有大願力；想要追求事業成功，就要有成就事業的力量。成就事業的力量有四點：

第一、智慧的抉擇力：要想成就一番事業，一定會面對很多的關卡，你要針對多項條件、現狀給予評估，必須要有抉擇力。哪一方面事業被現在社會所需要？哪一類事業對民生國計有幫助？未來哪一些事業有前途、有發展？哪一種事業是合理的、厚道的？我們必須要有智慧的抉擇力。

第二、禪定的克服力：世間上的事其發展沒有一帆風順的，人間的事業，它必定都會面臨一些困難，有待力量來克服。能夠克服困難的人，才能成就事業；不能克服困難的人，就好比溫室的花朵，禁不起風霜雨雪，又怎麼能生長延續呢？用什麼樣的力量來克服？禪定力。禪定以不變應萬變，你能處變不驚，所謂「百花叢裡過、片葉不沾身」，世間的紛擾困難，有了禪定力，就找到了克服困難的方法。

第三、慈悲的攝受力：我們創造事業，不是靠口號，也不是靠虛偽，更不是靠權力。要成就一番事業，需要大家來擁護，就必須要有群眾。如何獲得大家的擁護呢？那就是慈悲的攝受力！讓大家知道我們很慈悲，我們愛人如己，能夠推己及人，別人與我們來往互動，能感受到如沐春風，願意來幫助護持，這就是慈悲的攝受力。

第四、勤勞的精進力：明末畫僧石谿說：「大凡天地生人，宜清勤自持，不可懶惰，若當得個懶字，便是懶漢，終無用處。」同樣的，世間人成就事業，是無法坐享其成，必須要勤勞，必須要精進，以勤勞的精進力奮發努力，才能成就事業。

文章筆力萬鈞，所以有傳世之文；書法力透紙背，所以有萬世之作。科學家要有創造力，軍事家要有戰鬥力；無論做什麼事，都要有力，這四點成就事業的力量，提供吾人參考。

第一、智慧的抉擇力。

第二、禪定的克服力。

第三、慈悲的攝受力。

第四、勤勞的精進力。

成功的基礎

語云：「為學要如金字塔，要能廣博要能高；為人要如聖賢德，要有福慧有根基。」為學之道，基礎要廣博，才能厚實高大；學聖賢行，也要有根基，才能有所成就。一個人希望成功，也要有成功的基礎條件。成功的基礎是什麼呢？有六點意見：

第一、博學以廣識：你想做人成功、做事成功，就必須博學廣識。所謂：「知識不厭其新。」現在是一個國際化、現代化、開放自由的時代，你不能只是在自己的小圈圈裡自我設限，自我滿足。博學廣識，就能與世界接軌；知道的多，就能與時俱進。這才是成功的第一步。

第二、勤習以服膺：無論擁有知識、擁有道理，都要不斷地反覆思維、溫習，慢慢融會於心，用全部的身心去實踐，那才有所獲益，也才是你的。否則只是岸上習泳，畫餅充飢，虛晃一招，毫無用處。所以勤習才是成功的第二個條件。

第三、詳實以知微：要想成功，就要對自己的事業發展、做人處世，乃至對周遭環境、因緣條件

等，都要有一個詳實的正視與了解。所謂「見微知著，睹始知終」，知微細處，行事不會太過粗枝大葉；杜漸防微，就能防患於未然。

第四、判斷以明理：辨別正邪，是每個人的智慧與認識。你正邪不分、是非不明，好壞不辨，不能權衡輕重，不能察知善惡，也算不得是個正人、好人。因此，遇事不能優柔寡斷，理性、冷靜的分析，是非得失關頭，要有一個明理的判斷。

第五、省察以知過：《勸發菩提心文》：「知省察，才知捨取；知捨取，則可發心。」省察，是一種美德；知過，是一種自覺。不斷地省察自己過失在那裡，就可以知道如何去惡修善、捨壞取好。省察，才能有所改進；改過，才能不斷更新。

第六、治療以改正：一個人的身體，有病了，要懂得治療它；公司制度發展有了故舊缺陋，也要更弦易轍，求變改革；做人有所虧欠，不夠周到，就要修正改進，以臻圓滿；心裡有了貪瞋愚癡疾病，則要用慈悲喜捨種種方法治療。然後，身心健全了，就能發展；事業健全了，就能成功。

奠基堅固了，房子才能高大穩當；根底扎深了，樹木才能茁壯茂盛。

這六點行事要點，可以作為我們成功的座右銘。

第一、博學以廣識。

第二、勤習以服膺。

第三、詳實以知微。

第四、判斷以明理。

第五、省察以知過。

第六、治療以改正。

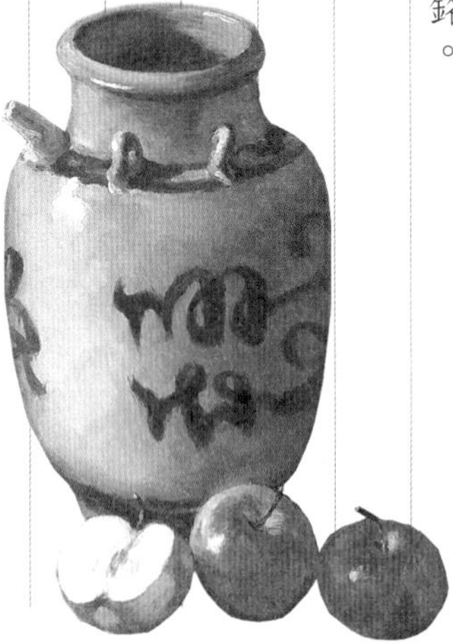

成功之前

人一生當中都在追求一個圓滿。圓滿的人生，要有許多方面的「成功」才能完成。例如，在情感婚姻路上，祈求「百年好合」；在經濟事業上，企圖「飛黃騰達」；在待人處事上，想要「廣結善緣」。古人說：「修身、齊家、治國、平天下」，要先把人做好了，才能再談到其他方面的成功。做人怎麼樣才能成功呢？提供四點意見：

第一、誠信守分、待人尊重：我們和人相處來往，最要緊的就是「誠懇」與「信諾」。寧可自己吃虧上當，不去傷害別人，這就是所謂的「守分」。與我交往的人，都要真心平等的尊敬、尊重。所謂「敬人者，人恆敬之」，你尊重別人，別人自然就會尊重你。對人講誠信、謹守住本身的立場，又能尊重於對方，無論是在感情上或是工作上，都比較容易成功。

第二、忠心負責、處事認真：夜闌人靜時，是否曾自問：對於工作，是否肯負責？待人處事，是否做到真心？人與人之間，也要「受人之託，忠人之事」，更何況是本身所擔負的工作？世間上不論做人做事，但求「仰不愧於天，俯不愧於人」。所以你要成功的話，如果能確實做到忠心、負責、認真，必定所求如願。

第三、學養專精、求知不息：「知見」就是整個生命的主體。在競爭激烈的時代，你必須具有高明的學術知識，深厚獨到的涵養工夫，所擁有的技術也都很專業。

這樣學有專攻、知識健全，還要保有一顆持續求上進的心，不斷的樹立起良好的形象。求知求識的心不打烊，再加上工作很認真。既有這些優越的條件，當然就讓人容易獲致成功。

第四、慈悲平和、服務大眾：一個人想要成功，你必定要施給人無限的慈悲，廣大的愛心，熱心與有品質的服務，如此方能獲得別人的認同，走向成功的道路。我們常說：「慈悲無障礙，施比受有福」，正是透過這樣善意真誠的佈施，「果報還自受」，最終真正的受益者就是自己。

因此我們了解真正的成功，是「誠於中而形於外」，由充實自己而顯發於外，沒有所謂的捷徑。但是只要努力，人人機會均等。四種條件是：

- 第一、誠信守分、待人尊重。
- 第二、忠心負責、處事認真。
- 第三、學養專精、求知不息。
- 第四、慈悲平和、服務大眾。

卷二 最好的供養

供養，是善美人性的發揚，
有供養心的人，必是個心地慈悲、寬厚的人；
能夠隨時隨地不吝以好話、時間、
力量、智慧、心意供養別人，
必能廣結善緣，到處受人歡迎。

高尚的人品

「人到無求品自高」，一個人之所以被人看重，不在於他的學問高低、能力大小，不在於他有錢沒有錢、有地位沒有地位，而在於他的人品如何？所以一個人有品重於有學，有格重於有錢，高尚的人品是一個人無形的資產。至於如何涵養「高尚的人品」，有四點意見：

第一、勿因窮苦而變節。人，不能因為一時的貧窮、一時的苦難就變了氣節。例如出家當和尚，不能因為很窮、很苦，就退失道心去還俗。又如一個女人，不能因為一時的貧窮而賣身，這是自甘墮落，是沒有骨氣。所謂「秀才餓死不賣書、壯士餓死不賣劍」，所以做人不可以因為一時的窮苦而變節，一定要為自己的身份、節操而堅持。

第二、勿因貧賤而易志。人，不要因為一時的時運不濟、窮途潦倒，就喪失了自己的志氣。例如我本來是個正人君子，因為一時的貧窮便與人同流合污，作奸犯科；本來我想做一個大善人，樂善好施，現在貧窮了，我就不再布施了。其實，一個人儘管沒有錢，沒有力量，至少有個心吧，儘管我什麼都沒有，至少有一個口吧，我可以存善心、講好話來布施，千萬不能因貧賤而易志。能夠面對貧賤而

不動，則能淡泊明志；反之，恬不知恥，必然貧賤卑微。所以，一個人寧可守道貧賤而死，不可無道富貴而生。能夠處貧賤而志不屈，更能受人尊敬。

第三、勿因艱苦而放棄：生活艱難時，要面對它，不能因為一時的艱難困苦，就放棄自己的責任，放棄自己的理想。現在社會上有一些青年朋友，在學校讀書的時候，發奮立志，對前途滿懷憧憬、理想，可惜一踏入社會，只要稍微遇到一點困難，他就退縮不前，就要放棄理想，這就是意志不堅。一個人要有意志，有意志才能禁得起艱難考驗。

第四、勿因困難而回頭：做人，那一個人沒有困難？困難的時候要能冷靜分析，突破執著；有突破困難的決心，才能獲得良機。古來多少英雄豪傑、帝王將相，他們之所以成功，無不是從困難重重中，堅定信念，奮鬥到底，終能脫穎而出。所以，能夠克服困難，便能獲得良機；能夠解決困難，便能化解危機；能夠面對困難，便能尋求轉機；能夠不怕困難，便能把握時機。如果因困難就輕易回頭，終難成器。

語云：「長安不是一天造成的，羅馬也不是一天成就的。」一個人能夠不斷的努力，不斷的奮鬥，不斷的犧牲奉獻，能夠從艱難困苦、失敗挫折中奮發有成，更為人所敬重。所以，「高尚的人品」之養成，有四點：

第一、勿因窮苦而變節。

第二、勿因貧賤而易志。

第三、勿因艱苦而放棄。

第四、勿因困難而回頭。

如何做人

我們常聽到有人感慨說：「做人難，人難做，難做人」。其實做人並不難，難者難在肯吃虧，肯為人服務；如果凡事都能替別人設想，自己也懂得有所為有所不為，甚至時時就教於人，與人做好互動關係，做人又有何難呢？因此，只要懂得做人的方法，人生之樂樂無窮。「如何做人」呢？有四點意見：

第一、要做與人為善的人：青年守則說：「人生以服務為目的」，但是有的人做事官僚，總喜歡刁難別人，他以磨人為樂，不給人方便，不肯真心為人服務，這樣的人不但不得人緣，其實也顯示自己無能。所以，凡是能幹的人，當別人對他有所請求，大部份都是肯定的，都是OK！OK！凡是能力差的人，別人求助於他，大都是否定的，都是NO！NO！因此平常自己不妨自我檢討一下，究竟是能力強的人，還是能力弱的人。如果你常常否定的說NO，必定是能力有問題，如果你總歡喜正面幫助別人，必定是願意與人為善的能人。

第二、要做和而不流的人：世間上的一切都是因緣和合所成，做人孤芳自賞，就會處處孤掌難鳴，因此在團體中縱有不如己意，也要方便隨喜隨緣，才不會在大眾中流失。但是隨緣並非隨波逐流，如果對方是一個壞人，所做皆壞事，我也不能跟他同流合污。所以做人應該隨緣不變，我有隨緣的性格，也有不變的原則，要同而不黨，和而不流。

第三、要做見賢思齊的人：孔子說：「三人行，必有我師焉」。別人的一句好話、一件好事，我應該學習、效法；即使是不如法的，我也可以引為借鏡，此即所謂「善可為法，惡可為戒」。一個人只要懂得學習，有時就是一個小孩子，甚至所謂「愚者也有一得」，都是我們的良師益友，何況是賢能的人，我更應該不恥下問，應該見賢思齊。

第四、要做樂於忘憂的人：人到世間上來，不是為苦惱而來的，所以

不能天天板著面孔，傷心、煩惱、失意，這樣的人生沒有樂趣可言。金代禪師說「不是為生氣而種蘭花」，所以我們應該為自己的人生創造一個樂觀、積極、進取、歡笑、喜悅的個性。懂得快快樂樂的在人間做人，遠離憂愁、悲傷、苦惱，這樣的人生才有意義，才有價值。

同樣是人，有的人讓人如沐春風，歡喜親近；有的人令人退避三舍，敬而遠之。你是什麼樣的人？你要做什麼樣的人？關鍵就在於要會懂得做人。「如何做人」，提供四點意見：

第一、要做與人為善的人。

第二、要做和而不流的人。

第三、要做見賢思齊的人。

第四、要做樂於忘憂的人。

敦厚為人

為人之道，在於敦厚。敦厚為人，則人自親，如群山高崇，百鳥自然飛集。所以做人要敦厚，切忌太苛。如何敦厚為人，有四點說明：

第一、不責人小過：不責人小過，這是修養美德。有的人對於別人再多的好處，他一句話也不肯讚美；當別人有了一點小小的過失，他就苛於責備，這可以說是「缺德」。所以做人之道，別人有小小的過失，你能包容他、勸諫他，這就是修養，就是待人敦厚的美德。

第二、不發人隱私：不發人隱私，這是增長福德。世間上有一種人，所謂「好事不出門，壞事傳千里」，別人做了種種的功德、立下百般的功勞，他不肯宣揚；一旦知道別人的一點私人小事，他就替他加油添醋，大肆宣揚。發人隱私，不但缺德；發人隱私，更會結怨。所以做人要厚道，福報總是降臨給厚道的人。

第三、不念人舊惡：不念人舊惡，這是自我養德。有的人，別人待我們百般的好，施予我們種種的恩惠，他很快就忘得一乾二淨；只要別人有一點點對不起我們，全部記得一清二楚，而且一直念念不忘，這就是量窄。其實，再好的朋友，甚至親如父母、兄弟、姐妹，難免也會因無心而造成對人的傷害。如果我們斤斤計較，他過去講過我什麼話，他過去做過什麼事對不起我，坦白說，這樣的人會沒有親人、沒有朋友。所以凡事都往好處想的觀念，這是人際相處的潤滑劑，也是自我養德的根本。

第四、不計人得失：不計人得失，這是養量增德。做人要心存仁厚，才能得人心；做人以寬厚為師，才可以養量。我們做人處事、交朋友，有時候因為朋友的助成，讓我們得到利益，有時候也會因為朋友而吃一點虧，我們不要太把得失利害計較在心中，才能涵養自己的心量，才能進德增福。

待人厚道是美德，令眾人愛敬；待人刻薄是缺德，令眾人厭惡。一個厚道的人，在道業上能夠養深積厚，在人際間能夠廣結善緣，在事業上更能得到多助，所以厚道才能成事。「敦厚為人」有四點：

第一、不責人小過。

第二、不發人隱私。

第三、不念人舊惡。

第四、不計人得失。

待人的修養

人，有種種心、種種性、種種行、種種德。就修養而言，有君子有小人；就長幼而言，有長輩有晚輩，就能力道德而言，有智愚賢凡等不同。在很多不同的人當中，我如何待人？也要講究待人的修養。在《菜根譚》裡有四句話說得很好：

第一、待小人，難於不惡：「小人之心私而刻」、「小人樂其樂而利其利」、「小人欲人同其惡」，小人的嘴臉令人一見就覺嫌惡。小人令人討厭，因為小人的行徑有時比壞人還令人不恥。小人自私自利，善於逢迎拍馬，是標準的「牆上草」。小人對人，表面上裝得一幅忠心耿耿、至誠懇切的樣子，實際上骨子裡卻暗暗的在打著主意陷害你，所以有「寧願得罪君子，不可怠慢小人」之說。小人實在難以令人不生氣、難以令人不嫌惡，因此當我們遇到小人的時候，自己要明察，要謹慎，以免得罪小人而惹來後患無窮。

第二、待君子，難於有禮：相對於小人，「君子之心公而恕」、「君子賢其賢而親其親」、「君子欲人同其好」。君子禮賢下士，待人親切平和，做事低調，不喜張揚。君子有時縱使受人奚落，他也不以為意，因此一般人對待君子，往往疏於應有的禮節，以為他是一個君子，就可以不必跟他太過拘禮，於是態度馬馬虎虎、隨隨便便。其實，君子雖然無求於人，但是對一般人我們都要注意應有的禮數了，何況對待君子，更不能失禮。

第三、待下者，難於和顏：長幼有序、尊卑有分，這本是人倫之道，無可厚非，但切不可成為階級觀念，以此做為待人的標準。例如對待年齡比我小、職位比我低、資歷比我淺、能力比我差的人，很難和顏悅色，親切以對。甚至這個人學問比不上我，經濟條件也不如我，往往容易生起貢高我慢的心而看不起他。其實，職位或有高低，但每個人的人格是平等，因此待人要親切，要一視同仁。

第四、待上者，難於無諂：水往低處流，人往高處爬，這是物性，也

是人性之常。人本來就應該要懂得上進，但上進之道要靠自己努力勤奮，做出成績，才是可貴。只是現在不少的年輕人希望平步青雲，往往靠著攀龍附鳳、依附權貴，以此做為進階之梯。於是對於地位比我高、身分比我大的人，不去阿諛諂媚，不去逢迎拍馬，確實很難。俗語說：一個人的學問有多少就是多少，半點冒充不得，但是修養有時四兩可以充半斤。說明要論定一個人的道德修養，有時很難有標準，不過《菜根譚》裏的這四句話，卻一針見血的點出人性的弱點，很值得參考。這四句話就是：

- 第一、待小人，難於不惡。
- 第二、待君子，難於有禮。
- 第三、待下者，難於和顏。
- 第四、待上者，難於無諂。

養氣

俗語說：「佛爭一炷香，人爭一口氣。」其實「氣」不是爭來的，是要靠自己去涵養。如孟子說：「吾善養浩然之氣」；「氣」要如何涵養呢？有四點意見：

第一、脾氣要變成志氣：人，有沒有用，就看他有沒有志氣。有的人志氣沒有，脾氣倒是很大，動不動就發脾氣，這樣不高興、那樣不歡喜，這是沒有用的人，才會透過發脾氣來掩飾自己的無能。其實，人貴立志，有志者事竟成，只要你有志氣，不怕不能成功。

第二、意氣要變成才氣：有的人和人相處時，常常鬧意氣，動不動就生氣，動不動就不跟人來往，這是和自己過不去。真正聰明的人，不是鬧意氣，而是發揮自己的才氣，把自己的才華、潛能發揮出來，讓別人對你刮目相看，這才是真正的意氣風發。

第三、粗氣要變成靈氣：人常常一生氣，就失去理性，什麼粗野的動作都做得出來，例如有的人不是摜碗盤、踢桌椅，藉著摔東西來出氣，再不然就是罵人，甚至打人。為了一時氣憤，失去理性，事後不但自己難堪，別人也不歡喜，實在很划不來。所以，人在衝動時，愈要冷靜，要把粗氣變成靈氣，這就是機智，就是靈巧。

第四、生氣要變成爭氣：你常生氣嗎？生氣有什麼用！做人要爭氣，不要生氣。所謂「爭氣」，並不是做「上」、「中」、「前」的人，而是要做個沉得住氣，吃得了苦，有大志願，禁得起千錘百鍊的人。人只要爭氣，無事不成，所以要把生氣變成爭氣。

現在社會上流行學氣功，多數人練氣功是為了健康。其實，真正的養氣，是在養心，是要養志，是要讓自己的心裡有力量，所以如何養「氣」，有四點意見：

- 第一、脾氣要變成志氣。
- 第二、意氣要變成才氣。
- 第三、粗氣要變成靈氣。
- 第四、生氣要變成爭氣。

養生之法

現代人非常重視身體的保健，各種養生方法因此應運而生，包括生機飲食、泡澡水療、健身運動、指壓減肥，乃至晨跑、登山、冬泳等。保健有保健之道，養生有養生之法，以下「養生之法」四句偈提供參考：

第一、世人欲知養生法：我們應該知道，養生不只是增加身體的健康而已，此外諸如增加自己的修養，增加自己的人緣，增加自己的學問，增加自己的道德等等，這才是真正的「養生」，所以吾人應該正確的認識養生之道。

第二、素食心和瞋怒少：現在舉世流行素食文化，很多人藉助素食來保健、美容。根據醫學研究，素食有益身體健康，而且可以培養耐力，養成溫和的性格。例如，動物當中，牛、馬、大象、駱駝都是素食的動物，牠們比肉食的獅子、老虎來得有耐力。再如一些素食的佛教出家人，他們每天起早待晚，但整天莫不精神奕奕。素食最主要的是長養慈悲心，從心靈的淨化來減少瞋怒，達到內心的安然、祥和。一個人如果內心不平和，經常發脾氣，這就不符養生之道。

第三、喜樂尊敬除貪念：日常生活裡，時時保持一顆歡喜、快樂的心，是常保年輕、健康的秘訣。歡喜、快樂來自於對別人的尊敬，以及對物欲的淡泊。你尊敬別人，別人自然會有善意的回應；你淡泊物欲，自然不會受制於物欲，自然能歡喜自在的過日子。

第四、修身律己去煩惱：煩惱是健康的無形殺手。一般人每天生活在煩惱裡，父母有家計的負擔，兒女有課業的壓力，朋友之間有情感的困擾，人際間有爾虞我詐的險阻。然而，人間縱使充滿種種的苦，只要自己心地善良，行為正當，所做所為都能合法，自己修身律己，心安理得的生活，自然沒有煩惱，這才是養生之道。

「養生之法」其實也是「修身之道」，若能如實奉行，必然歡喜自在過人生。「養生之法」四句偈就是：

第一、世人欲知養生法。

第二、素食心和瞋怒少。

第三、喜樂尊敬除貪念。

第四、修身律己去煩惱。

養「力」

人生猶如戰場，每個人每天都在跟自己戰鬥，若無足夠的力量，就無法戰勝困難、挫折、煩惱等種種的考驗，所以人除了要養心、養神、養智之外，還要養「力」。力量如何培養呢？有四點意見：

第一、讀書在培養知識力：每個人從小都要讀書，要接受教育。我們為什麼要讀書？讀書就是為了增加知識，知識多了，就有學問，就有內涵，就能明理，就有力量。一個知識淵博的人，博古通今，不管走到那裡，都能靠豐富的知識獲得高薪的工作，贏得別人的讚賞，所以學識就是他的力量。做人有了力量，則能無事不辦。

第二、參究在於培養領悟力：參究就是對於不解的事要用心思考、要細細地推敲研究，從中悟出道理來。所以人要有思想，凡事要去思考、研究，才能發揮自己的靈巧，發揮自己的領悟力。所謂「聞一知十」、「觸類旁通」、「融會貫通」，這就是領悟力。

第三、後退在於培養容忍力：人生，前面有半個世界，後面也有半個世界。有時候我們要勇往向前，但也不是一味地向前衝；當前進無路的時候，如果你不知後退，就會衝得鼻青臉腫。因此，能向前時當向前，不能向前的時候，也要懂得後退。後退的時候要有容忍的力量，也就是不要凡事太過認真，不要太過和人計較；懂得多容忍、多包容，其實世界上本來就沒有什麼了不起的事情。所以，「退一步想」，人生更能「海闊天空」。

第四、微笑在於培養親和力：我們跟人接觸，和人相處，給人的第一個印象很重要。有的人面孔太過嚴肅、太過刻板，別人自然會對你生起防範的心理，覺得你不好相處。假如你的面容能時時帶著一種祥和，帶著一絲微笑，人家就會感覺你很親切，你有親和力。

所以，如何具備各種力量，要靠自己平時在讀書、工作，乃至生活、做人等各方面多用心，力量不是一下子就有的。你能精進用功、誠懇做人，平時多思想，多與人結緣，多培養好因好緣，自然就有力量。所以，如何養「力」？有四點看法：

- 第一、讀書在於培養知識力。
- 第二、參究在於培養領悟力。
- 第三、後退在於培養容忍力。
- 第四、微笑在於培養親和力。

養廉

人能不貪，必能養廉。廉者，不言己貧，因此，一個廉潔自持的人，不但是有德之人，必然也是個內心富有之人。如何養廉？有四點看法：

第一、飲食要飽，但不求珍饈：「民以食為天」，人要生存，不能不吃飯。吃飯是為了資養色身，重在吃得飽、吃得營養均衡，不必山珍海味，不必珍饈美味。有的人吃得太好，營養過剩，反而吃出肥胖症等百病叢生，因此吃得太多、吃得太好，不但浪費，而且折損自己的福報。想想，世上有多少窮苦的人三餐不繼，我們能夠衣食溫飽，就應該知足，就值得心存感恩，千萬不要在飲食上挑三撿四，助長貪心。

第二、衣服要暖，但不求華麗：「食、衣、住、行」，衣服對人的重要，僅次於飲食。穿衣不僅是為了保暖，也是文明的象徵。過去蠻荒未化的人民，才會赤身露體，或是貧窮落後的地區，才會衣不蔽體。在現代文明國家，人人豐衣足食，但是有的人過度追求時髦，衣著過度追求華麗，養成虛榮心理，倒不如追求內在的充實，否則「金玉其外，敗絮其中」，再華麗的衣服，也穿不出氣質來。

第三、居住要安，但不求華廈：人要「安居」，而後才能談到「樂業」。人當然要有一個安定的居住處所，但是居住的環境只要安全、整潔，家人和樂共住，這就是我們的淨土，並不一定要高樓大廈、華屋豪宅。所謂淨土，淨土並不是在心外，而是在自己的心裡，所謂「隨其心淨，則國土淨」，只要我們自覺心安，東西南北都好。

第四、待客要禮，但不求諂曲：我們對待客人，並不一定要卑躬屈膝、諂媚逢迎，才能贏得來客的歡喜。待客之道，最主要的就是禮貌周全，就是真心誠意。比方說，親切的招呼、熱誠的歡迎、真心的關懷與問候，能讓「賓至如歸」，即使只是清茶淡飯，也能讓客人感受到你的濃情厚意，這比虛妄的逢迎、諂媚的語言，讓人感到溫馨。

「人到無求品自高」，一個人能淡然處世，不為名利、物欲而奔競，自能養成廉潔高尚的品格，因此「廉潔」之道有四點意見：

第一、飲食要飽，但不求珍饈。

第二、衣服要暖，但不求華麗。

第三、居住要安，但不求華廈。

第四、待客要禮，但不求諂曲。

如何養性

人，為了身體健康要「養生」，為了心裡清淨要「養心」。此外，儒家講「修身養性」，一個人性格上常常有一些缺點，應該如何來改性，也就是如何養性呢？有六點意見：

第一、針對浮躁不安要養靜：有的人性格躁進，經常浮動不安，如何改善呢？所謂「以靜制動」，透過靜定的功夫，可以改善浮躁、不安穩的性格。例如，可以訓練自己不要亂動、不要亂說、不要亂走，把自己安住在一個安然寂靜的心境上，久而久之你的性格自然就不會浮躁不安了。

第二、針對狂妄自大要養誠：人要自尊，但不可以傲慢。對於性格狂妄自大，常常自以為了不起的人，要以親切、真誠來對治。能夠對人「相見以誠以真，相待以禮以敬」，就不會狂傲自大了。所以我們對人要親切，不親切就是傲慢。

第三、針對貪得無厭要養廉：「貪瞋癡」是人的劣根性，當看到自己喜歡的東西，就想貪求，甚至希望世間上所有東西都是自己的。一個人如果貪心太大就會患得患失，不但自己不快樂，尤其貪得無饜的人，往往寡廉鮮恥，惹人生厭。所謂「人到無求品自高」，貪心太大的人，要養廉。「廉」者廉潔，不妄取、不多求，夠用就好；一個人懂得知足，自然無貪。

第四、針對愚癡迷惘要養智：人有時候會對前途感到迷惘，不知何去何從？這是因為無知，不明白生命的真諦，不懂規劃、安排自己的人生，甚至不肯上進，不去培養自己的能力；有智慧的人，明白人生的意義，繼而努力創造生命的價值，自然不會徬徨、迷惘，所以人要有智慧，就不會愚癡、迷網。

第五、要針對懦弱猶豫要養勇：生命其實是很脆弱的，經不起一個意外。但是人的性格，應該堅強、勇敢，這是可以培養的。例如，平常訓練自己見義勇為，肯主動、有正義感，尤其不斷充實自己的知識、智能，有了能力，自然自信、果敢，而不會遇事猶豫不決。

第六、針對粗暴偏激要養仁：一個人最大的失敗，就是個性粗暴、偏激，這種性格的人遇事不能冷靜處理，平時與人相處，也不能獲得人和；在自己無能又缺少外緣的情況下，做事自然註定要失敗。所以，性格粗暴、偏激的人，要培養仁慈的心，平時對人要和善、寬厚，才能改善自己的缺失。

人的性格雖是與生俱來，所謂「山可移，性難改」，但是難改並非不能改，只要自己下定決心，任何不好的性格都能改善。所以，人要懂得「改心換性」，關於如何養性？有六點意見。

第一、針對浮躁不安要養靜。

第二、針對狂妄自大要養誠。

第三、針對貪得無厭要養廉。

第四、針對愚癡迷惘要養智。

第五、針對懦弱猶豫要養勇。

第六、針對粗暴偏激要養仁。

供養的種類

世界上不管任何一個宗教的信徒，都有奉獻、供養的經驗，這就是一種宗教情操。在佛教裡講到供養的種類，有兩種供養：身、心供養；有三種供養：身、口、意供養；有四事供養：飲食、衣服、臥具、醫藥供養；有十種供養：香、花、燈、塗、果、茶、食、寶、珠、衣等十種供養。做一個宗教信徒，如何供養、奉獻才如法？其實倒不一定要花錢去備辦四事供養或十種供養。以下有四種供養的方法，提供參考：

第一、說好話的供養：世間上不管任何東西，太多了就有氾濫之虞，唯有好話不怕多。布施、供養東西或金錢，太多了用不完，甚至有時用得不當，失去意義。但是說好話的供養，讓人聽了歡喜，尤其說一些鼓勵人的話，給人信心、給人希望，乃至宣揚教義，引導人走上正信之路，則比金錢布施，功德更大，更是無限、無量。

第二、施時間的供養：有的人覺得自己不善言辭，不懂得如何說好話。其實也沒有關係，你可以供養自己的時間，閒暇時可以到寺院道場當義工，為人服務，或是參加法會、活動，以時間來參與、成就大眾，這種時間的供養，也是無上功德。

第三、勤服務的供養：有的人雖然布施時間，但是並沒有真誠、熱心參與，還是不夠。既然要奉獻，就要投入，要勤於服務。例如，國際佛光會中華總會的會員長期參與資源回收、掃街環保運動；每年聯考時到各個考場，準備一杯水、一條毛巾，為考生服務；乃至平時到醫院，協助老幼、殘疾者就醫等，這都是服務的供養。

第四、獻心香的供養：有的人忙於工作，沒有時間當義工，無法為人服務。不過每個人都有一顆心，只要心香一瓣，以誠摯的、恭敬的心，祈祝別人得到幸福安樂，這就是心意的供養。或是看到別人行善，我隨喜讚歎，隨口宣揚，隨心祝福，都是無上的布施。

供養，是善美人性的發揚，有供養心的人，必是個心地

慈悲、寬厚的人；能夠隨時隨地不吝以好話、時間、力量、智慧、心意供養別人，必能廣結善緣，到處受人歡迎。所以，人應該養成供養的習慣，成為一種美德。供養的種類，有四種方法提供參考：

第一、說好話的供養。

第二、施時間的供養。

第三、勤服務的供養。

第四、獻心香的供養。

進德修業

凡事不忘自我檢討的人，才能不斷進德修業；每天在思想上、觀念上都能大死一番的人，對自我的增品進德，必定有所助益。「進德修業」有四點意見，提供大家參考：

第一、要有改過遷善的勇氣：人不怕犯錯，只怕有錯不改。所謂「人非聖賢，孰能無過」，過去孔門的弟子子路「聞過則喜」，大禹甚至「聞過則拜」。所以，一個人要想成聖成賢，想要進德修業，必須要有改過遷善的勇氣。

第二、要有反省自己的龜鑑：人要懂得反省，才知道自己的缺點、過失在哪裡？才知道自己的前途何去何從？賢聖如曾子者，尚有所謂「吾日三省吾身」，一般的平凡大眾豈可不每天對自己有一些反省、有一些檢討。因此，我們要作自己的一面鏡子，能夠看到自己、了解自己、明白自己，才能日有進步。

第三、要有擇善明理的智慧：人要進德修業，必須要有智慧，要有靈巧，要有各種方法來應付世間上所遭遇的一切人我是非。尤其做人要明理，理不明則一切糊塗，所以無論對人、對事，我們都要明理，都要有智慧去化導、解決。

第四、要有懺悔進德的基石：我們如何進德修業呢？必須要有懺悔的習慣。一個人如果有了過失，並不是很可怕的事情，最可怕的是不知道懺悔。「懺悔」就好像清水一樣，衣服髒了，要用水洗一洗，衣服才會乾淨；身體骯髒了，也要用水洗一洗才會清潔。甚至我們的心裡有了不清淨的思想，有了不好的念頭，也可以用懺悔的法水把他洗滌乾淨。所以，人生處世，如果有所差錯，只要肯「懺悔」，都能獲得世間的諒解和同情。

因此，怎樣進德修業呢？有四點意見：

- 第一、要有改過遷善的勇氣。
- 第二、要有反省自己的龜鑑。
- 第三、要有擇善明理的智慧。
- 第四、要有懺悔進德的基石。

最好的供養

大部分信佛的人都曉得要供養佛，也都希望能以世間上好之物來供佛。佛教裡常用的供養品，有所謂的十供養：香、花、燈、塗、果、茶、食、寶、珠、衣。其實，除了這十供養外，還有更殊勝、更好的供養，在此提出四項：

第一、一炷清香不如一瓣心香：許多人習慣在佛菩薩面前，燒一炷香，有的人還非常注重香的等級，非上等的檀香、沉香、水沉香不可。其實，上香只是表徵，表示我們對佛菩薩的恭敬。而例行公事般地獻上表相的香，遠不如我們的一瓣心香，如恭敬佛菩薩，恭敬所有的人，誠心讚美、隨喜他人的善行，就像《法華經》中的常不輕菩薩，永遠不輕視任何人；如此謙恭有禮的修養，比燒形式上的香更好。

第二、一束鮮花不如一臉微笑：手捧鮮花去供佛固然很美，但真正最美的是臉上的微笑、慈祥。對人獻花，不如跟他微笑，獻花有一時一地的限制，綻開一臉的笑容，卻不受任何時空的局限。真誠的笑容，不僅能拉近人與人之間的距離，也能帶給人溫暖、鼓勵和信任。所謂「面上無瞋是供養」，發自內心的真誠笑容，即是最好的供養。

第三、一杯淨水不如一念淨信：我們早晚禮佛，用清淨的法水供佛，固然很好，但更珍貴的是以一念淨信，上供十方諸佛。如果能以清淨的信仰，不加妄念、企圖心，正知正見佛陀的教法，依法如實奉行，則比不間斷的早燒香、晚換水，更有功德。

第四、一串念珠不如一句好話：送人一串念珠，不如送他一句好話。

俗諺說：「良言一句三冬暖」，一句好話常常會讓人生起歡喜心，甚而改變人的一生。《尚書》說：「唯口，出好興戎。」一句話的影響力，有時是你料想不到的。因此，與人交往，一句好話往往比一串念珠更加受用。

以清香、鮮花、淨水供佛，是很好的供養；以念珠和別人結緣，也是很好的禮物。但是，除了這些物質上的供養，應該有更增上的方式，有更昇華的層面。正如經中所說：「若人靜坐一須臾，勝造恒沙七寶塔；寶塔畢竟壞微塵，一念淨心成正覺。」在此提出四項「最好的供養」：

第一、一炷清香不如一瓣心香。

第二、一束鮮花不如一臉微笑。

第三、一杯淨水不如一念淨信。

第四、一串念珠不如一句好話。

養德

一個人儘管擁有再多的財富，不一定活得快樂；擁有再高的學問，也不一定贏得人緣；擁有再大的房地產，日子也不一定能過得安心自在。一個人最好能擁有道德，這才是無上的財寶。關於「如何養德」？有四點意見提供參考：

第一、不責他人的小過：舉世滔滔，我們所見到的一切人等，當然不可能全部都是聖賢；既非聖賢，難免有過失。我們不要苛責別人的過失，尤其是小小之過，不要太過責備。做人應該用「責人之心責己」，用「恕己之心恕人」；能夠不責人小過，這是養德之初階。

第二、不發他人的陰私：今天的社會，大家都很重視個人的隱私權；

相對的，我們也不要揭發別人的私生活，妨礙別人的隱私權。尤其是媒體記者，更要有職業道德，凡是對大眾無損的，屬於個人隱私的部分，都應該給予尊重。所謂「揚人之善是報恩」，不揭人陰私，則是自我養德之道。

第三、不念他人的舊惡：一般人，對於別人施予我們的萬分恩惠，很快就會忘記；但是別人一點小小的過失，對我們有所不周的地方，我們就千計較、萬計較，一直記恨在心頭。這種人心胸不夠寬大，不能包容別人，既無量又無德，所以不念舊惡，這也是做人應該有的道德。

第四、不嫉他人的利益：人，有一種劣根性，看到別人失敗了，心裡就暗暗歡喜；看到人家成功了，或是得到了利益，心裡就很難過。這種「見不得別人好」的人，不但交不到好朋友，自己也無法獲得真正的快樂。在佛教裡有一句話「隨喜」，別人獲益，你能「不妒人有」，反而真心誠意地為他祝福，為他感到歡喜，這就是「隨喜功德」，不但能長養自己的道德，更能增加自己的福德。所以，如何養德？有四點意見：

第一、不責他人的小過。

第二、不發他人的陰私。

第三、不念他人的舊惡。

第四、不嫉他人的利益。

德行

德行是做人的根本，世間上有的人學問很好，沒有德行；有的人技能很多，沒有德行；有的人會講話，沒有德行。其實，一個人寧可不擅長講話，也沒有多大的學問、多少的技能，甚至什麼都沒有，但是不能沒有道德的觀念，不能沒有道德的行為，因為德行是人生的根本。

有四點說明：

第一、尊嚴是德行之寶：人，要活出自己的尊嚴來，甚至死也要死得有尊嚴。例如：古人「不食嗟來食」、「士可殺不可辱」，今人講究臨終關懷，這都是尊嚴的維護。有人說，我可以什麼都沒有，我只要擁有最後的一點尊嚴，因為尊嚴是德行之寶。

第二、炫耀是德行之賊：有的人做了一件小事、成就了一點小功、得到了一點榮耀、獎賞，他就到處炫耀，甚至誇大其實。這種喜歡自我標榜、自我宣傳的人，難免讓人認為他是在沽名釣譽，因而看輕他。所以太自我誇張，於己德行而言，正如白布染上了污點，所以說炫耀是德行之賊。

第三、慈悲是德行之始：一個人能發一點慈悲心，一念想幫助人、想利益人、想做一點好事的心，那怕只是一點點的慈悲念頭，那就是養德的開始。由這樣的一念慈悲心開始，慢慢昇華、慢慢擴大，最後會成為一個有慈悲心、有道德觀的人。

第四、暴戾是德行之終：有的人行為粗暴，動不動就跟人破口相罵，甚至舉拳相打，乃至動刀動槍。凡事只懂得用暴力解決的人，再有思想、成就，總是缺少一份道德修養。所以，一個人行為魯莽，對人動粗的時候，也就是自己德行喪失的時候。

德行是每一個人心智、行為的保障，失去它就不像一個人，所以做人要重視自己「德行」的修養，有四點意見：

第一、尊嚴是德行之寶。

第二、炫耀是德行之賊。

第三、慈悲是德行之始。

第四、暴戾是德行之終。

德者的心志

「平生莫作皺眉事，世上應無切齒人。」人格的尊卑，久而自見，時間可以說是道德的見證人。一個有道德的人，其對人生的態度，必然有不同於常人的志節與操守。什麼是有德者的心志呢？有四點看法：

第一、自信者，毀譽不能改其志：人要自信，有自信的人才能主宰自己，才能做自己的主人。一個對自己做人很有自信，對自己事業很有自信，對國家、社會都很有自信的人，不管外界對他的稱譏毀譽，他都無動於衷。儘管你毀謗他，他不動怒；你稱讚他，他也不動心。因為有自信的人，寵辱毀譽不是別人所能加諸於他，在他心中早已超越這一切，所以不管別人對他的看法如何，他都不改原有的志向，這就是有信心的人。

第二、知足者，權利不能變其節：知足是一個人最大的擁有，儘管地位不高，我很滿足，金錢不多，我很知足。當一個人對於自己的擁有、對於自己的生活都很知足；如此即使你以再大的權利也不能改變他。甚至你用權威壓迫他，用利益誘惑他，都不能改變他的節操，這就是知足者的氣節。

第三、靜心者，恩怨不能亂其神：一個人有禪定的修養，有禪定的功夫，他的心很寧靜，不會因為別人的一句話、一件事而起伏、動亂，他都不會輕易受影響。所以，靜心的人，恩也好、怨也好，善也好、惡也好，都不能亂其神，他的精神世界，不是外境所能左右，這就是靜心的功夫。

第四、有德者，是非不能擾其心：一個有道德的人，儘管外在的世界充滿了是是非非，在他一點也不受影響。為什麼呢？因為他不說是非，他不聽是非，他也不傳是非，他更不怕是非，所以儘管外在的世界到處風風雨雨，現實的人生到處是是非非，可是在他看來，一切都是虛幻不實，一點也都不能擾亂他的心。

所以，有道德的人其心志是什麼樣子？有四點值得我們學習、參考：

第一、自信者，毀譽不能改其志。

第二、知足者，權利不能變其節。

第三、靜心者，恩怨不能亂其神。

第四、有德者，是非不能擾其心。

增品進德

古人教育子弟，寧可以沒有錢財，但不能沒有骨氣；寧可以沒有地位，不能沒有人格；寧可以失去一切，不能失去道德。一個人想要頂天立地，做到所謂「仰不愧於天，俯不怍於人」的坦坦蕩蕩，除了做人心胸要豁達，處事往來要圓融，品德各方面也要有所增進。怎樣增品進德？

第一、好學近乎智：一個人要增長智慧，最要緊的是養成好學的習慣美德。你能好學，就能從基本的生活技能、語言、自然、歷史、經濟、科學、哲學等，上至天文，下至地理，各種範疇都有所涉獵研究，無所不通，慢慢開拓知識領域，就能成為一個智人。

第二、力行近乎仁：力行，就是要身體實踐，它不是掛在嘴上說說而已，而是實際執行。凡是好的事，不是說的，而是做的，凡是好的話，也不是說了就算了，也是要去做的。大凡心存仁愛的人，寧可自己吃虧不要緊，他會想到要照顧別人，好比菩薩以力行精神來愛護眾生，甚至可以捨去自己的生命，來成全眾人的安樂。因此，身體力行的人是一位仁者。

第三、知恥近乎勇：恥，是一種慚愧心，恥於自己有所不知，恥於自己有所不能，恥於自己有所不淨，恥於自己有種種的不足。知恥就會勇敢，發奮圖強，知恥就會向上，努力不懈。知恥的人，肯面對自己的缺失，能認錯改過的人，品德自然增長。

第四、惻隱近乎慈：孟子說：「惻隱之心人皆有之」，惻隱之心就是佛教的慈悲。《大丈夫論》說：「一切善法，皆以慈悲為本。」一個人可以失去世間上所有的金錢、感情、物質，但是不能失去慈悲。把慈悲用在有智慧的人，智慧能普被眾生；把慈悲用於人性，人們會更加仁慈；把慈悲用於勇敢的人，勇敢就會更有力量。

人要增品進德，除了童子軍的「智、仁、勇三達德」外，還要加上慈悲。有云：「智者無煩惱，仁者無困頓，知恥能上進，慈悲最吉祥。」如何增品進德？有四點提供。

第一、好學近乎智。

第二、力行近乎仁。

第三、知恥近乎勇。

第四、惻隱近乎慈。

修業

每個人的一生，都要經過求學、創業的過程，甚至終其一生都在不斷的進德修業。所謂「業」，包括自己的學業、事業、德業等，也就是要修正自己的行為、充實自己的智能、創造自己的功業。所以不管在知識學問、品德操守等各方面，都要日有所增、時有所進，才不會虛度光陰，馬齒徒增。關於如何「修業」，有四點看法：

第一、對自己要有信心：一個人什麼都可以失去，但不能失去信心，沒有信心的人，就無法給人信心。甚至，自己都無法自我肯定的人，當然也不能取得別人的肯定，所以，一個人必須對自己產生信心，對於自己的所短和所長一目了然，認識清楚，才能開拓自己的前途。

第二、對事業要有熱心：世間上，每一個人都希望自己能成功立業，希望自己能不斷地成長、不斷地進步，甚至愈來愈富有。不管你從事士農工商，甚至最時髦的科技事業，如果你不進取，沒有熱忱的心，對自己的事業沒有工作的使命感，沒有愛好與興趣，事業必定做不好。所以，那怕自己只是一個打字員、抄寫員、計程車司機，或者工廠裡的基層員工，最重要的就是對工作要有熱心，能把工作當成生活的一部分，對工作抱持興趣、熱心，不但時間容易打發，人生的意義也會不一樣。

第三、對學問要有專心：人生「活到老，學不了」，即使是在學校任教當老師的人，也是一種學習，所謂「教學相長」，所以我們做學問要有一種鑽研的心，要不斷地研究，不斷地求取新知，有時候就是在教別人，也能從教人當中吸取一些經驗，此即「教不倦、學不厭」的治學態度。

第四、對修持要有悟心：每一個宗教，不管佛教、天主教、基督教、一貫道、回教等，都有各自的修行功課。即使是儒家的孔孟，他們也重視內省的功夫，乃至要「善養浩然之氣」。修持要有體證、要有證悟，要能感覺自己好像一下子懂了、我明白了、原來這樣；能有修持的體驗、心得，才能融入自己的身心血液中，才能成為自己人生進取的資糧。

所以，如何「修業」？有四點意見：

- 第一、對自己要有信心。
- 第二、對事業要有熱心。
- 第三、對學問要有專心。
- 第四、對修持要有悟心。

修身

人要在社會上立足，首先要自我健全；自己健全了，才能開創事業，乃至負起對家庭、對社會、對國家的職責，此即「修身」而後才能「齊家」、「治國」、「平天下」的道理。

至於人要如何「修身」？有四點看法：

第一、居家要儉：「儉」之一字，妙用無窮。儉能致富，儉能養廉。一個人居家能節約用度，不奢侈、不浪費，本性必然樸實無華，自不會因為受了物欲的誘惑而作奸犯科，所以儉約生活，這是修身第一要。

第二、創業要勤：「物競天擇」、「適者生存，不適者淘汰」，這是大自然的生存定律。人自不能例外，人要想在世間上生存，必得有謀生的能力，也就是一般所謂「成功立業」的條件。人憑什麼成功立業？有的人靠家世背景，有的人靠聰明才智，但並非人人如此幸運。不過有一項人人平等的天賦，那就是「勤勞」。「勤能補拙」、「一勤天下無難事」，勤勞是每個人最優渥的資本，創業要靠自己勤勞，才能成功。

第三、待人要謙：人際相處，能夠贏得別人好感的一個最重要的秘訣，就是謙虛。人和人之間，你再富貴、再能幹，如果你傲慢，不懂得謙虛、謙恭、謙讓，別人不會喜歡和你來往，任憑你再有辦法，所謂「獨木難成林」，你不得人緣，最後還是難以成事，所以待人要謙恭，要禮賢下士，才會獲得人助。

第四、處事要平：人是感情的動物，有情感難免會有好惡揀擇。當處事時，心要均平，對人要平等待之，對事要公平處理，不可以因自己的喜怒、愛憎，或是只顧著站在自己的利益著想，而有所偏頗，否則別人就會有所比較、計較，自然紛爭迭起。因此，人際要和諧、世界要和平，唯有公平、平等，才有實現的一天。

「修身」看起來好像是個人一己之事，其實推展開來，國家的安定、世界的和平，都必須由每個個人做起；修身的重要，不言而喻。如何「修身」？有四點意見：

第一、居家要儉。

第二、創業要勤。

第三、待人要謙。

第四、處事要平。

人身無常

一般人聽到無常就不喜歡，認為「無常」就是沒有，其實因為「無常」所以變化無窮。無常是宇宙大自然的現象，比如世間無常，成住壞空；物質無常，生住異滅；人命無常，生老病死；好景無常，樂極生悲；聚散無常，生離死別；人情無常，冷暖炎涼；世態無常，滄海變桑田，桑田變滄海。「飄風不終朝，驟雨不終日」，則是氣象萬千的無常寫照。我們看似實有的身體也是一樣，如泡、如幻、如夢、如影。因此，身體的無常有四點：

第一、是身如泡，不得久立：人的身體，來自父母的精血，這地、水、火、風等四大組合的物質體，是無法永遠存在的。猶如排水溝裡有不少雜物聚集、碰撞，產生了聚沫水泡，在時節因緣剎那的變化更新之中，破滅、生起，生起、破滅。

第二、是身如幻，從顛倒起：我們這個身體是幻化不真的，比如我們今生姓張、王、李、趙，百年之後轉世投胎，換成另外一個人身，或許叫做約翰，或許叫做瑪莉，甚至成為貓、狗、小鳥等等。所以我們執著今生的張、王、李、趙，或是約翰、瑪莉，都是如幻化的顛倒見解。

第三、是身如夢，從妄見起：人生如夢，「夢裡明明有六趣，覺後空空無大千。」唐朝詩人李白在〈登高丘而望遠〉裡慨云：「登高丘，望遠海。六鼇骨已霜，三山流安在盜賊劫寶玉，精靈竟何能。窮兵黷武今如此，鼎湖飛龍安可乘。」豈非是身如夢，從妄見起！

第四、是身如影，由業緣現：我們每一個人在光線之下，都有個影子在跟隨著我們。如《語本列子》所載：「形枉則影曲，形直則影正，然則枉直隨形而不在影。」影子如同我們的業緣，由身體所造作的身、語、意業，也是這樣的因果關係。

人身無常，正因為無常，所以能不斷的更新代謝；藉由如泡、如幻、如夢、如影的人身，可以成就常、樂、我、淨的涅槃境域。

「人身無常」有四點：

第一、是身如泡，不得久立。

第二、是身如幻，從顛倒起。

第三、是身如夢，從妄見起。

第四、是身如影，由業緣現。

人身之患

有三個修道人在森林裡談話，論及世間什麼最苦？有一個修道人說，世間最苦的是沒有東西果腹的飢餓。另一個修道人說，世間最苦的是沒有水喝的乾渴最為難受。最後一個修道者說，世間最苦的是自己想要的東西不能得到。此時，佛陀剛好經過這個地方，聽到他們的談話，佛陀就說：「人生最苦的莫過於我們有這個『身』體。因為飢餓、竭渴、求不得的苦，都緣於有這個身體。」所以老子說：「人之大患在吾有身。」《法句經》亦云人身之患有四點：

第一、熱無過於瞋：一個人瞋心生起的時候，就像是引火自焚，會燒毀自己的理智，燒毀自己的修養。尤其瞋怒過度，會敗壞內心的和氣，失去做人的正道，導致事物乖逆不順。好似大火在原野上燃燒，大家都不敢靠近，那裡能撲滅得了火呢？

第二、毒無過於怒：《大智度論》云「瞋為毒之根，瞋滅一切善。」瞋怒一起，桌上的碗，可以把它打破；椅子、凳子，可以把它踢壞。瞋怒一起，小則引起訴訟，大則親族相殘，引爆戰爭，那裡顧得了人情義理？那裡有是非得失？所以佛陀說：「殺瞋則安穩，殺瞋則無憂。」

第三、苦無過於身：我們的身體有飢渴、疾病、勞役、寒熱、刀杖等眾苦所緣生的苦。再加上原本順乎己意的樂境，時過境遷，或因故遭受破壞，而「樂極生悲」或「喪親之痛」等逼迫身心的壞苦，乃至三世遷流，剎那無常的「時光飛逝」的行苦，都是因為有這個聚合的「身心」，致使苦不堪言。

第四、樂無過於滅：人生最快樂的，是讓我們的身心進入寂靜涅槃之中，那是一個滅除一切痛苦的究極理想境地，是淨化貪愛，捨離執著，拔除煩惱，息滅欲念的世界；是一個一大總相的常寂光世界。只要我們透過佛法的修持，擁有般若的慧解，捨棄貪瞋癡煩惱的束縛，當下就能獲得清淨自在的涅槃境界。

所以，人身之患與究竟解脫，不離以下四點：

第一、熱無過於瞋。
第二、毒無過於怒。
第三、苦無過於身。
第四、樂無過於滅。

立身處世

我們常常聽到人家說「與其……不如……」、「與其將來……不如現在……」、「與其給他……不如給另外一個人……」。生活中，經常要面對的「與其」與「不如」，不知凡幾，其實這就是我們自己立身處世的一種選擇。到底要做什麼樣的選擇，才是立身處世之道呢？以下四點：

第一、與其貪圖富貴，不如安於淡泊：每個人各有自己的人生觀，有的人希望富貴榮華，有的人甘於淡泊。榮華富貴人人愛，固然歡喜，求不到，內心也苦惱。或者沒有努力付出，就想妄求，更是空花水月，虛幻不實。假如你的因緣具足，富貴榮華自然會來，因緣不具，強求也不能獲得。因此，與其空圖榮華富貴，不如心中甘於淡泊，還來得踏實一些。

第二、與其責備他人，不如反省自己：有的人做什麼事，遇到困難了，就怪你、怪他，做不成功，就推諉過失，嫌這個人不好、那個人不對，都是責備他人。與其責備他人，讓自己心中不平，甚至遭致別人的反彈、怨言，不如反省自己，自己在事情過程當中，有什麼缺失嗎？有什麼不當嗎？有什麼不周全的地方嗎？能把一件事情前因後果檢討、反省出來，這才是下一次成功進步的因緣。

第三、與其錦上添花，不如雪中送炭：看到人家中頭獎了，我們去道賀，看到人家發財了，跑去給他恭維，這叫做「錦上添花」。錦上添花固然不是壞事，不過，與其如此，不如雪中送炭來得更讓人覺得溫馨。社會上，還有很多飢寒交迫的人，需要我們給予協助；許多失意的人、受到挫折的人、疾病不癒的人，更需要我們給他鼓勵、給他方法、給他希望，才能在困頓中走出來。所以，與其錦上添花，不如雪中送炭。

第四、與其亡羊補牢，不如曲突徙薪：一件事情做錯了及時改進，固然還有補救的餘地，然而，如果要每次錯、每次改，不如在事情沒有發生之前，就把它規畫仔細一點，謹慎安排一點，讓錯誤降到最低點，才不會空費時間、人力，損失諸多成本，這才是最重要。

以上這「與其」與「不如」這四點的立身處世之道，可以給我們參考。

- 第一、與其貪圖富貴，不如安於淡泊。
- 第二、與其責備他人，不如反省自己。
- 第三、與其錦上添花，不如雪中送炭。
- 第四、與其亡羊補牢，不如曲突徙薪。

以身作則

一般人都知道，所謂「身教重於言教」，一個人的為人、行儀，都不正當，想要指導別人，這是不可能的。反之，自己行為健全、語言正當、心地善良，自然影響他人，語云：「不言而教」，你不說話，別人都要跟你學。因此，無論什麼人，都要以身作則。尤其怎麼樣的人，更需要注意呢？以下四點：

第一、父母為兒女以身作則：父母要為兒女以身作則，因為他的一言一行，都是兒子、女兒模仿的對象。如果父母老是吵架，當然兒女的性格就會好鬥、好辯；父母日日在外應酬，不回家吃飯，兒女怎麼肯天天待在家裡？父母菸酒不離，卻不准兒女抽菸喝酒，他怎麼會服氣？父母說謊，

叫兒女誠實；父母自私慳吝，要兒女服務奉獻，這些都是難以做到的。因此，父母的一言一行，對兒女的影響實在至關重要。

第二、老師為學生以身作則：老師是學生的模範，但別以為當了老師，學生就不敢反抗你，其實他對你是尊敬？反感？

必定有他自己內心的看法。所以身為老師，要取得學生的信賴、獲得學生對你的尊敬，你必須說話具備常識知識、語氣要尊重公平，行止威儀要端正，如此，才能做學生的榜樣。

第三、主管為部屬以身作則：身為主管者，以德領眾最重要，千萬不可有本位主義，尤其敷衍推諉最是要不得。作一位主管，能以身作則，多一點勤勞、多一些規畫、多一分慈悲、多一分智慧，依部屬個人的體力、性向、能力去要求，不以自己的條件為標準，抱著「捨我其誰」的承擔態度，必定受到部屬的尊重。

第四、為政為全民以身作則：上自國家最高領導者、政府官員、各縣市的首長，到一般的民意代表等，他的一言一行，都是全民的榜樣、全民的模範，人民的雙眼，都是看著你怎麼說、怎樣做。假如為政者貪贓枉法、不負責任，如何叫老百姓奉公守法？從政者官僚自大，民間風氣又怎麼會端正善良？以前人說：「人在做、天在看。」現在是民主時代，人民自然也會監督上位者，因此，為政者身教更要重於言教，以身作則，為人民作榜樣。

《禪林寶訓》說：「做長老有道德感人者，有勢力服人者。猶如鸞鳳之飛，百禽愛之；虎狼之行，百獸畏之。」無論是父母、老師、主管、為政者，「以身作則」都是立身處世、獲致尊重的不二法門。

第一、父母為兒女以身作則。

第二、老師為學生以身作則。

第三、主管為部屬以身作則。

第四、為政為全民以身作則。

修身津梁

房子漏了，要修補一下；衣服破了，也要縫補一番。我們的眼耳鼻舌身的行為，很容易犯錯，如果錯了不改，就如東西壞了不補，就會成為廢棄物。所以修身養性，是吾人做人處世的第一要件，茲有四點意見提供參考：

第一、修身能令氣質高雅：一個人平時如果懂得重視自己行、立、坐、臥的威儀，所謂「行如風、立如松、坐如

鐘、臥如弓」，一言一行，都能講究分寸，真正把內心的慈心美意，融化到眼耳鼻舌身的根器裡，則此人的氣質必定高雅，必能受到他人的尊重。有人以為人生只要有錢就好，平時不重視行為，但是金錢能買到新衣服，穿起來卻不一定雍容大方；金錢可以買到化妝品，妝扮起來也不一定有氣質。氣質要靠平時的修養，要從內在養成，不是靠外在的妝扮可得。

有的人五官不是很美好，但是有修養的氣質，一樣能令人心儀，所以從五官四肢、動作行儀中，可以看出一個人的氣質。

第二、修身能令態度莊重：人的手腳肢體，並不是時時磨拳擦掌，就能讓人看重你，也不是時時奔跑跳躍，就能讓人喜歡你。最重要的是，態度要有規範，不能當坐不坐，當站不站；平時說話的表情，動作的手勢，都要表現出莊重的禮儀。你的態度表達得很有分寸，你的行儀自然讓人尊敬。有的人聽了一句不如意的話，就失去了自己的風度；遇到一件不如意的事，就態度粗暴，有失莊重，這都是不足取。

第三、修身能令言行親和：做人，不管你的地位多高，勢力多大，金銀財寶堆積如山，但是你的言語、行為傲慢、粗俗，也不會有人尊重你。國際佛光會提倡「做好事、說好話、存好心」的「三好」運動，就是要我們言語行為能夠讓人聽了歡喜，囉嗦的話不要說，無意義的話也不講，傷害人的語言，粗魯的動作，都要能加以注意。言語行為要能散發親和的力量，讓人跟你在一起，聽你說話能如沐春風，看你的行為動作很有藝術動感，自然近悅遠來，朋友都樂於和你親近了。

第四、修身能令進退得宜：孔子說：「非禮勿視，非禮勿聽，非禮勿言，非禮勿動。」所以一個注重修身的人，當說則說，當行則行，要有進退。現代的人，不當說的時候放言高論，應該發言的時候，卻又靜默不語。在《阿含經》裡提到五種「非人」，其中之一就是「當說不說」。不過，一個人如果說話言不及義，或是嘮叨不休，即使家人也會生厭；假如行止進退不知分寸，自己站的位置，自己坐的地方，都一概無所知，則天地之大，那裡有你容身之處呢？所以注重修身的人，對於訪友、工作、家人相處、社交禮儀，都要懂得進退，否則難免被人嫌棄、看輕。所以，修身是很重要的，關於修身的津梁，有四點看法：

第一、修身能令氣質高雅。

第二、修身能令態度莊重。

第三、修身能令言行親和。

第四、修身能令進退得宜。

寬恕之美

寬恕是對他人的一種體諒、包容與寬大。春秋時代，楚莊王的部將調戲他的愛妃，他以寬恕之心不予處罪，部下感動以殺敵回報恩德；齊桓公不念一箭之仇寬恕管仲，所以後來能九合諸侯，一匡天下，成就一代霸業。可知，寬恕能融化霜雪，親見春陽；寬恕能滋潤焦渴，獲得清涼。寬恕有以下四點美德：

第一、能贏得敬重：人我相處，偶爾會產生摩擦、爭執，懂得寬恕，不予計較，能獲得對方敬重。現今社會，有些老師不願寬恕犯錯的學生，傷及他的自尊，怎能得到學生的敬重？父母稍不如意，即宣告與子女脫離關係，為何不多給子女一些寬恕與包容？身處世間，不論做何事、何種身分，能寬恕，自己能放下輕鬆；能寬恕，能贏得他人敬重。

第二、能融化仇恨：世界上，許多國家與國家戰爭、種族與種族仇視、宗教與宗教排拒，都是來自仇恨的情結。仇恨讓心如熱火爐，讓人倍受煎熬；仇恨有如身上刺，讓人如坐針氈。冤冤相報何

時了，苦苦相逼何時消？只有布施寬恕與諒解，將仇恨融化，彼此才能和諧共存，讓心出獄，獲得解脫自在。

第三、能感動人心：日本空也大師外出弘法，途中遇上劫匪。空也見了不禁潸然落淚，劫匪恥笑他是貪生怕死之徒，大師回答說：「我想到你們年輕力壯，不為社會奉獻己力，卻打家劫舍，眼看將來要墮地獄受苦，著急的流下眼淚啊！」劫匪心生感動，自動皈依座下。寬恕，能感動人心；寬恕，能獲得溫暖，別人自然近悅遠來，樂於與你親近。

第四、能和諧歡喜：《三國志．夏侯玄傳》云：「和羹之美，在於合異；上下之益，在能相濟。」要和平相處、歡喜融和，寬恕是不二法門。現今社會，看到許多夫妻之間、父母兒女之間、兄友之間、主管部屬之間、政府人民之間，總是少了歡喜，多了瞋恚。寬恕，能少一分責備；寬恕，能多一分謙讓，能夠寬恕，人我會歡喜，社會能和諧。

寬恕，能贏得他人敬重，融化彼此仇恨，感動他人內心，更能促進人我之間的和氣與歡喜。是故，在做人處世上，多實踐一分寬恕，就能讓寬恕之美，來昇華我們的人格，讓寬恕之美，成為生命的活水。

- 第一、能贏得敬重。
- 第二、能融化仇恨。
- 第三、能感動人心。
- 第四、能和諧歡喜。

耕耘心田

田地要靠農夫勤奮耕耘，才有碩果纍纍；佛教將我們的心比喻為田地，也需要靠開發、灌溉、播種、耕耘，種種誠心、毅力，才能成熟增上，成為一片淨土。如何耕耘呢？可以從以下四個方向著眼：

第一、播撒善美的種子：一顆種子看似微小，長大之後，卻能開出無數的花、結出無數的果。假如我們在心田上播撒善美種子，如《無量義經》說：「布善種子，遍功德田，普令一切發菩提萌。」一念善心、一句美言、一件善事，在日常生活中慢慢累積，都是成熟無限未來的好因好緣。如經中譬喻，小小尼拘陀樹種子，可以結出成千上萬果實，因此，千萬不能輕忽小小的一顆善美種子。

第二、灌溉懺悔的法水：衣服髒了，經過清洗，才能穿得舒服；身體污垢，也要沐浴，才能神清氣爽；環境污穢，必須打掃，才能住得舒適。我們的心受到污染，要以懺悔的法水洗滌，心地才能清明。《佛說未曾有因緣經》云：「前心作惡，如雲覆月；後心起善，如炬消闇」，犯錯不可恥，懂得懺悔改過，就能為自己找出一條光明大道。

第三、施與肥沃的養份：花草樹木，因為施肥，而開出美麗的花朵；我們的身體，有了飲食的補充及適當的休息，就能健康運作。相同的，我們的心，也需要施與勤勞、發心、慈悲、忍耐等種種良善的養份，才會有豐碩的成果。好比想擁有聰穎、通達、靈巧，必須施與智慧、明理、判斷；祈願人緣有所收成，就必須主動、結緣、關懷，人際之間就能自在、順利。

第四、啟發心靈的智慧：語云：「心田不長無明草，性地常開智慧花。」農夫耕種，田裡雜草不除，難有收成；心中的田地，長出無明草，若不拔除，遇事就容易為境所轉、為情所困，難有所成。所謂「不怕無明起，只怕覺照遲」，無明起時，懂得覺照內心，當下降伏，智慧自然會現前。

外在的田地容易耕種、收成，內在的心田卻不易開發、耕耘。雖然不容易，只要肯發心發願，勤奮努力，必能成就自己的一片心靈淨土。

第一、播撒善美的種子。

第二、灌溉懺悔的法水。

第三、施與肥沃的養份。

第四、啟發心靈的智慧。

增上安樂

每個人都希望自己生活安樂，一般人以為吃得好、有錢花就是安樂。管子說：「衣食足而後知榮辱，倉廩實而後知禮義。」誠然，禮義與奸佞才不生，才能國富而民生安樂。真正的安樂，除了物質，更重視精神的世界，心裡滿足，即使生活不富裕，也能像顏回一樣安貧樂道。那麼，與人相處時，要怎樣才能安樂呢？

第一、忠誠可以處世：為人做事要有忠誠心，我們平時能真誠待人，而且忠心、實在，在處世上面，就能感動別人。如晉文公攻打原城，講究誠信，使敵軍主動投降；諸葛亮在祁山與魏軍作戰，信守承諾，使士卒主動回營，奮勇作戰。忠誠不但讓自己的道德進步，在處世上也能通達，自然就可以過得安樂了。

第二、莊敬可以避禍：為人莊重，自敬自愛，就能時時進步，如果一味地貪圖安逸，只會一天比一天疏懶。當一個人處世謹慎，對人莊重、尊敬，不得罪他人，一些人事災難，就不會降臨身上。

第三、寬恕可以延壽：一個洞明世事的人，凡事反躬自省，寬宏大量，得饒人處且饒人，自己也能泰然自在。古德常勸人，遇到逆境，要能忍一句，息一怒，饒一著，退一步，如此就可以免難延壽。人生之所以痛苦顛倒，常常是我執太強，不能放下，所以，做人不要太計較，以寬恕養量，才能培養恢宏的氣度。

第四、信仰可以進德：信仰可以使生命擴大。信仰真理的力量，使人有更大的勇氣；面對致命的打擊，使人有寬宏的心量，包容世間的不平。

許多佛教徒以慈悲喜捨的精神，為人服務，從中開發自己的佛性，進而解脫生死煩惱；他們在淨化自己同時，也能增福進德呢。

古之賢臣，忠於國君，取信於人民，廣受眾人愛戴；古之君子，反求諸己，對人尊重，處世有度，仁愛鄉里，所以賢名遠播；有道之士，以信仰來修身進德。我們在為人處世上，要不斷的自我惕勵，才能有「增上安樂」。

第一、忠誠可以處世。

第二、莊敬可以避禍。

第三、寬恕可以延壽。

第四、信仰可以進德。

心平氣和之方

人，處於順境時，容易心平氣和；一旦面對逆境，就難以平心靜氣了。心平氣和不是用在安寧閒暇之時，而是用在緊急危難之間。當大將在前方指揮，能夠心平氣和，則能理智清明，安然篤定；商人在商場上，利害交關的時候，能夠心平氣和，處之泰然，則必有所得。現在的青年學子，每遇考試時，若能心平氣和，就會有好的成績；警察處理違警事故時，如果心平氣和，則能獲得人民的尊重。

心平氣和是做人處事的最大修養。如何才能在人際往來之間，讓自他都能保持心平氣和呢？有四點意見：

第一、遇人爭執鬥爭時，沒有偏頗：人常常在與朋友、親戚、鄰居，

甚至家人發生意見不合時，因為一句話而爭執不休，因為一點利益而相持不下。如果你正處在爭執、鬥爭當中，該怎麼辦呢？最要緊的是不可以偏頗，你幫這一邊，另一邊的人會不歡喜；你幫了那一邊，這一邊的人也會不高興。最好是保持公正、公平，不要偏頗，才不會招致怨恨。

第二、遇人衝動粗暴時，心存和善：我們在社會上做人處事，常會遇到一些朋友、親戚，他很衝動、粗暴。當你面對一些兇惡、不和善的人，該怎麼辦呢？你不必跟他半斤八兩，最好的方法就是心存和善。他情緒不佳，他動粗，我體諒他，我不動粗，我心裡非常的和平、善良，如此就能解決問題。

第三、遇人執著不解時，不強進言：有時候我們遇到別人在爭吵，雙方僵持不下，彼此都很堅持，不肯和解。這時你不要硬充和事佬，不必強要替他們排難解紛，甚至想要拉攏他們和平。因為人在氣頭上，再好的道理他也聽不進去，正是所謂「不可理喻」。所以如果你想進言，一定要等他們冷靜下來以後，這時從旁委婉的分析，或許能發揮勸解的效果。

第四、遇人是非不明時，保持沈默：當別人有了紛爭，你一時沒有弄清楚來龍去脈，不知道究竟誰是誰非，這時最好保持沉默。等到實際了解情況，知道事故的原委以後，再去調解、幫助，才不會弄巧成拙，甚至幫了倒忙。

人要爭氣，不要生氣，生氣不能解決問題，心平氣和才能開發智慧，有智慧才能找出解決之道。所以怎樣做一個「心平氣和」的人？有四點意見：

- 第一、遇人爭執鬥爭時，沒有偏頗。
- 第二、遇人衝動粗暴時，心存和善。
- 第三、遇人執著不解時，不強進言。
- 第四、遇人是非不明時，保持沈默。

廣結善緣之法

一日，明太祖朱元璋微服出巡探訪民瘼，到一古廟忽覺口渴，有一農夫適時奉上一杯茶，明太祖感激之餘，賜農夫為縣令。當地一名書生聞曉，心裡極為不平，便於古廟作一對聯：「十年寒窗下，不如一杯茶。」翌年，明太祖重遊此廟，見此對聯，知道是針對自己而題，遂提筆寫道：「他才不如你，你命不如他」。

佛教以為：「未成佛道，先結人緣」。懂得廣結善緣，才會有人緣，才能得道多助，如同農夫，也是先有一杯茶與明太祖結的善緣，而後才有獲得官位的果。在做人處事上，廣結善緣很要緊，如何做到？有四點意見：

第一、關懷他人要多讚美：讚美是世間最好的語言，無人不歡喜獲得讚美。尤其別人失意時，你對他適時的關懷、問候，如同寒冬送陽，能激發對方的信心，讓他振奮心情，重燃希望。常言：「口邊就是緣」，對他人施予關懷，也為彼此結下好因好緣。因此，關懷讚美是結緣的最佳妙方。

第二、面帶微笑要常問好：中國人重視「見面三分情」，既然有緣相見，經常保持笑容，真心問候，給人感覺如沐春風。好比處在陌生環境，一個微笑，能化解不安的心緒；人我間有了芥蒂，一聲問好，能驅散陰翳。所謂「瞋拳不打笑臉人」，微笑代表友善與溝通，能相處融洽，減少磨擦；常常與人問好，對方得到你的安慰、鼓勵，彼此間，即已結下一份善緣。

第三、言談舉止要能溫和：與人來往，態度氣勢凌人，或語帶諷刺，容易令人心生畏懼而不願親近。佛門教導學人愛語才能和眾，「愛語」即是以體貼溫和的語言待人接物。前秦時代，僧伽提婆大師來中土，譯出許多佛教典籍，也開啟南方譯經的風潮。他尤以開朗的氣度、溫和的舉止和誨人不倦的精神，感動當地許多人心，無人不樂於與之親近。可見言談舉止溫和有禮，能廣結善緣。

第四、有事相求要不推託：人際之間是相互成就的，都需要別人的幫助。因此他人有所困難請求相助時，不輕易推託，花一點時間，吃一點虧，發心與對方結緣。如果自己真的力有不足，所謂「拒絕要有代替」，也要顧及對方的尊嚴，如語帶和緩婉拒，對方自能感受我們的善意。願意為人付出，播下的善緣善種，久而久之，自會開花結果。

人我相處，只要願意為人服務，那怕是一個點頭、一臉微笑、一句讚美、一臂助人，都是結緣。所以，如何廣結善緣？四點意見希望大家參考：

- 第一、關懷他人要多讚美。
- 第二、面帶微笑要常問好。
- 第三、言談舉止要能溫和。
- 第四、有事相求要不推託。

實踐慈悲

世間何處能無「慈悲」？工作中沒有慈悲，會有上下隔閡；生活中沒有慈悲，會有計較分別；人我間沒有慈悲，則無法融和尊重。《大丈夫論》說：「一切善法，皆以慈悲為本。」慈悲是做人的根本，吾人寧可沒有學問、能力、金錢，但不能沒有慈悲。如何實踐慈悲？四點意見貢獻：

第一、對年輕人要教育鼓勵：教育青年學子，應以鼓勵代替苛罵責備。仙崖禪師對翻牆夜遊的弟子不怒不罵，只是叮嚀：「夜深露重，小心著涼。」此乃禪門教育的慈悲；佛光山培養青年「以養蘭之心護覆，以植苗之誠培養」，也是一種慈悲教育。歷史上，成連指導伯牙彈琴，范仲淹教育狄青讀書，無不是以慈愛代替呵罵，以關懷代替放縱。對於年輕人的教育，給予慈悲、鼓勵，更易收到正面的效果。

第二、對老年人要關懷尊重：老人最怕被家人遺棄，這種忽視，會帶給他精神上的痛苦。老人需要關懷、照顧，給予尊重。有一次，長老舍利弗帶領僧團到外地弘法，年輕比丘互爭養息處，舍利弗無位可睡，只好在樹下打坐度過一

晚。佛陀知道後，集合大眾開示道：「過去，鷓鴣、猿、象三個朋友，事事都要爭，卻什麼也得不到。最後決定由一位年高長者做出判斷，依他的教誡修行，結果相安無事。希望大眾不要罔視長幼的禮教，對長老要恭敬奉事。」老人的智慧、經驗不可忽視，佛陀所述，誠哉斯言也。

第三、對殘障人要體貼輔導：藥師佛十二大願之一：「若諸有情其身下劣，諸根不具，醜陋頑愚，盲聾瘖啞，攣躄背僂，白癩癲狂，種種病苦，聞我名已，一切皆得端正黠慧，諸根完具，無諸疾苦。」吾人應效法藥師佛的悲願，對殘障人士體貼、輔導，給予方便，以感同身受之心，實踐慈悲之行。

第四、對失意人要開導規勸：戰國時，莊辛以「亡羊補牢，猶未晚也」鼓勵被流放的楚襄王東山再起；迦旃延為失意的窮婦人開導規勸，使之心開意解。對於失意人，應給予開導、規勸、鼓舞，讓他有再生的希望。

觀音菩薩化身千百億，度眾於娑婆；地藏菩薩大悲願力，救苦於地獄；佛教不忍眾生苦，故不食眾生肉，展現慈悲胸懷。慈悲是不以己悲，不以物喜，卻以「以天下之憂而憂，以天下之樂而樂」的胸懷，對待周遭人事物。多一分鼓勵、關懷、體貼、開導，就能多一分慈悲的心腸。

- 第一、對年輕人要教育鼓勵。
- 第二、對老年人要關懷尊重。
- 第三、對殘障人要體貼輔導。
- 第四、對失意人要開導規勸。

慈悲的種類

我們經常可以聽到兩句話：「慈悲為本，方便為門。」一講到「慈悲」，一個人什麼東西都可以丟棄，但是慈悲不能丟棄；假如一個人沒有慈悲心，他就不像一個人了。慈悲心也要學習，在內涵上，它也有不同的種類，不同的層次，以下四點說明：

第一、寂寞的慈悲：有的人默默行善，他不掛念沒有人知道，也不要感謝函、獎狀、匾額等形相上的讚譽，他只是老實的布施給人，盡自己的能力幫助別人，施錢、供茶、喜捨結緣、推動文教，他對人做了多少貢獻，看起來沒有人表揚，沒有人讚美，但是他內心很充實、很法喜。

第二、熱鬧的慈悲：有的人很有慈悲心，他看到這個人做善事，也跟著去做；那個人去修橋，也隨喜贊助；聽到那裡有海嘯、地震、天災，大家忙著救濟、捐錢，他也要去幫忙救濟。這都是很好的，但是這還只是熱鬧的慈悲、一時的慈悲。因為，外在物資的賑濟有限，一旦用完了，就沒有了。人心也需要賑濟，讓它解脫苦惱，不斷擴大昇華，得到身心永恆的安頓依止，才是永久的慈悲。

第三、有緣的慈悲：有緣的慈悲就是對我的家人、父母、兄弟姐妹、朋友、同學、同胞……等，舉凡跟我有關係的，他有困難了，我跟他有緣分，我跟他有關係，所以我要對他慈悲，給他幫助，這是有緣的慈悲。

第四、無緣的慈悲：有的人選擇對象幫助，但是你不選擇，就是無緣的慈悲。比方，他不是我的親戚朋友，我不認識他，甚至彼此的身分不同、國家不同、種族不同，不過，我知道他有了苦難，我就要去幫助他。

無緣的慈悲，可以說是慈悲當中，最重要的慈悲、最好的慈悲。

慈悲心的開始，當然是從「有緣的慈悲」做起，但慢慢的要昇華，就像觀世音菩薩大慈大悲，救苦救難，他不需要有緣分，只要你有苦難，他就來了。因此，我們應該學習這種「無緣大慈，同體大悲」的精神。「熱鬧的的慈悲」、「一時的慈悲」之外，我們更要重視「究竟的慈悲」、「永恆的慈悲」，這就要從文化、教育等淨化人心做起，才是根本之道。

慈悲，人人都應要有，慈悲，人人都應學習。慈悲有這四種：

第一、寂寞的慈悲。

第二、熱鬧的慈悲。

第三、有緣的慈悲。

第四、無緣的慈悲。

受人尊重

《戒香經》云：「世間所有諸花果，乃至沉檀龍麝香，如是等香非遍聞，唯聞戒香遍一切。」吾人在世，除了求得衣食溫飽，誰不希望能貢獻自我，造福於社會鄉里，進而獲得社會大眾認同與尊重呢？但要受人尊重，除了貢獻所學之外，還須涵養人品與道德，自然就像「戒香」能遠揚，受人擁護與愛戴。要具備那些條件，才能受人尊重呢？提供四點參考：

第一、恭謹則人不輕侮：語云：「佛法在恭敬中求。」其實，何止是佛法？每一種世間法也都必須存有恭敬之心才能求得。明朝與李時珍齊名的名醫王肯堂，已經是醫名鼎盛之時，為了求得更上一層樓的醫術，不惜以夥計身份至另一名醫薛延卿處學習，其後著有《六科準繩》與李時珍

《本草綱目》齊名。這正是「能下於人者，其志必高，所至必遠。」我們對人恭敬，行為謹慎，不但自己過得心安，人家也不會輕慢、侮辱你。其實人與人之間的磨擦，許多都來自本身對人言語行為的不慎。

第二、寬厚則大眾擁護：世間至寬至厚者，無如大地。因大地之寬，所以能涵容五道眾生共居一處；因大地之厚，所以萬物皆賴以生長。如果你待人處事寬厚，對人講求道義，大家從你身上感受到了安心與歡喜，自然心甘情願的來擁護你。宏碁集團前董事長施振榮先生，人稱「電腦品牌教父」，主要是因為他無私貢獻出自己的智慧，並樂於與員工分享成果，才有今日的「泛宏碁集團」。

第三、真誠則受人信賴：古人做生意，都講求「童叟無欺」，做人能講求信用，生意自然就會上門來，至少在人格上比較光明。美國的國父華盛頓，小時候砍了父親最喜愛的櫻桃樹，就懂得寧可接受責怪，也要誠實認錯，因為他有承擔錯誤的「能力」，所以長大後能有做大事的條件。如果你很真誠，人家會爭相的任用你，因為你的人格具有「能量」。如果想偷斤減兩，人家就不願意再找你合作，由此影響，無論是個人信譽或事業前途都已經是個失敗的定數。所以說真誠與無欺，更是現代人所應建立的心靈能量。

第四、勤敏則日漸有功：「勤於學則敏於事」，也可說「勤於事則敏於學」，人對事物的領悟能力，除了先天的聰明，還要經過世間諸事的勞練。羅馬也不是一天造就的，金字塔也是一磚一石慢慢建立起來的。如果你勤勞又敏捷，首先自己每個當下都會有充實的感覺，這種心靈健康的感覺，可以令自他都歡喜。另外，在人群之間，由於你的「懇勤」與「敏銳」，漸漸建立你的功勳，自然漸漸的受人重視。只要我們今天勤勞、明天勤勞、日日勤勞、年年勤勞，長久的好習慣養成了，必定能受人欣賞，引起人們的重視。

時下的青少年朋友，也許比過去的人還要更聰明得多，可惜就是沒有歷練出耐煩、耐久、耐重的能力，稍微吃了一點虧、受了一點苦，或是一點點的委屈就受不了，這樣如何成為大器之人？多吃一點虧，多受一點苦，多一點努力，涵養出勤快而敏捷的特質，必定日漸有成。畢竟一個人會成功，不單只有聰明才智與學歷，而是內心器度要有深厚功夫。所以具有器度，才是決定一個人往後成就的關鍵。我們要如何受人尊重呢？

第一、恭謹則人不輕侮。

第二、寬厚則大眾擁護。

第三、真誠則受人信賴。

第四、勤敏則日漸有功。

如何給人尊重

每一個人都希望能夠受到尊重，但是要想人家對我們好，必須我們自己要能發自內心的喜歡，進而去尊重別人，培養人與人甚至人與萬物間共尊共榮的理念，否則如何能夠贏得尊重呢？就像我們朝山谷中大喊一聲「我愛你」，山谷也會大聲回應「我愛你」一樣。因此要想得到他人的尊重須有四點：

第一、要有愛護大眾的慈悲：《孟子．離婁》下篇說：「愛人者，人恆愛之；敬人者，人恆敬之。」人與人之間的關係，愛和敬總是相互的，因此應常常自省平日對大眾有沒有慈悲心？凡事有沒有先替他人著想？有關心別人、愛護別人嗎？我們先要「心中有人」，隨時給人慈悲關懷、體諒寬容，才能獲得相同的對待。

第二、要有行止莊重的威儀：《論語》云：「君子不重則不威」。社會上的服務業講究「以客為尊」，重視禮儀訓練。像各國選美，除了智慧才藝之外，也還要有優雅的談吐及莊重的儀表，而佛教更重視「四威儀」的養成。所以一個人說話粗俗不正經，行為輕佻不正派，是無法受人尊重，難登大雅之堂

的。

第三、要有道德忠誠的氣度：美國著名的西點軍校，培養優秀領導人才，除了專業智能與堪受魔鬼訓練外，「有品德的領導人」更是西點造就學生的重點。因此能否得人尊重，並不全然因為外在條件，或者容貌的美醜來做定論，為人「謀而不忠」，對人不能忠誠以待，自然不能讓人信賴。

第四、要有情理通達的涵養：《佛光菜根譚》云：「道理就是路。」有時候我們被人瞧不起，常常是因為我們自己不講情理，說出來

的話、做的事情沒有道理，甚至於對世間與人生的看法也不合理，邪知邪見。俗言：「秀才遇見兵，有理說不清」，這樣性格的人當然人人閃躲。

一個人的人格、品德，必須要有涵養，要有價值，有些人雖富有，但恃財凌人、財大氣粗，被人譏評為「土財主」；也有些人依靠所謂學術專業，顛倒混淆，操弄是非，不但不能受人敬重，還被恥為文化流氓；更有政治人物只貪求個人名利，罔顧百姓福祉，最終也無法得到人民的認同。

因此，做人如何給人尊重，以上這四點建議，是可以做到的。

- 第一、要有愛護大眾的慈悲。
- 第二、要有行止莊重的威儀。
- 第三、要有道德忠誠的氣度。
- 第四、要有情理通達的涵養。

積善成德

佛教有一部《法句經》，對現實人生體驗，充滿敏銳的洞察力，其中並指導我們如何把善事、好事積聚起來，成為功德善事。好事、善事在平常一件一件的做，做多了就會有功德。就像聖者不揀擇，累積許多大小善德，才成就崇高的人格。如何積善成德？《法句經》說有四點：

第一、善法多聞：現代一些青年學子常常不會讀書，追究原因，不是因為他不聰明、沒有智慧，主要是因為他沒有接受，沒有聽聞，沒有諦聽。好話聽不進去，道理自認為懂了，如此，有再多的好書、再多的善知識，又怎麼會進步呢？所謂：「聞善言而著意」，多聽善法，聽到好話，聽到重點，人生會有智慧。

第二、善念多思：我們的念頭，不斷的生滅、不斷的起伏，所以佛教教人以念佛、誦經種種方法對治。其實，佛不要我們念他，主要是藉助念佛的正念來幫忙我們；經也不要我們來念，是念經之後，讓我們的心得到安定、善念增長。心有善念、獲得正念，才能有正確的思考，遇到挫折，才會勇於承擔，才會活得光明、自在。所以常言心存善念才會有福報。

第三、善事多做：人生發展是好是壞，除了外在的因緣條件，還要靠自己積德修福。所謂「積善之家，必有餘慶」，不論是對個人、團體、鄉村、城市，乃至社會、國家有所助益的，只要能力所及，甚至救貧濟苦、鋪橋造路，或者救人一命，不妨多做，多做善事，能增長福德。

第四、善行多讚：別人做善事，要多讚美，不要以為讚美別人作善事沒有什麼意思？他人做善事，你心裡歡喜，這和做善事的功德是一樣的；

他做善事，你肯讚美，也等於你做的一樣，這也是一種方便討巧的修行法門。但是，人有劣根性，別人做善事，不但自己不跟著做，甚至還要不歡喜，嫉妒他，打擊他，雙方都沒有獲益，實在可惜。

生命要有所開展、提升，平時不可小覷小小因緣，積少就會成多。好比聚集水滴可以成河流，匯納百川可以成大海，相同的，多聞善法會有大智慧，多思善念能降伏妄想貪念，多做善事可以累增福德，多行讚美會傳播歡喜。如何「積善成德」有以上這四點。

第一、善法多聞。

第二、善念多思。

第三、善事多做。

第四、善行多讚。

養量

一個人要養能、養學、養德、養心、養氣，重要的是要先養量。你有一分器量，便有一分氣質，你多一分器量，便多一分人緣，可以說，量有多大、包容有多大，成就就有多大。胸量有天生而成，也有後天培養，多讀歷史上的名人故事，想想自己的胸懷器度，都是養量的方法。除此，也有以下四點意見：

第一、若要德業成，先學處窮困。要想完成人格、道德，先要學習安住窮困的日子。好比孟子所云：「天將降大任於斯人也，必先苦其心志，勞其筋骨，餓其體膚，空乏其身，行拂亂其所為，所以動心忍性，增益其所不能。」有時候，窮困的生活，會激勵一個人具備更大的悲心悲願；反之，習慣安逸自滿的人，其局量必不大，因此，要能禁得起困乏的苦行，戒慎驕滿，才能養量。

第二、若要無煩惱，惟有要知足。人都希望過得解脫自在，不希望有很多的煩惱，要想沒有煩惱，必須先養成知足的心。知足，會感恩擁有，知足，會增加器量。知足的人，他不會感到匱乏，而汲汲追求，滿足慾望；知足的人，他不會鑽營自私，只圖利自己，不顧別人。這樣的人，器量怎麼會狹小呢？

第三、若要肚量寬，能堪受冤枉。怎樣才會有量？你必須在境界裡，一次一次接受境界的煎熬、考驗。剛開始，可能會隨著境界所轉，慢慢到不為境界轉動，才能逐漸養成。尤其要能堪受冤枉、受委屈，能夠不要太過介意，能夠不為不如意事所累，經得起委屈、經得起冤枉，甚至學習吃虧，便宜先給別人，久而久之，你的福報就來了，器量自然大起來。

第四、若要心情好，日日無懊惱。每個人都希望自己的心情很歡喜、很安然，但是要怎樣才能做到呢？「日日無懊惱。」也就是說，我們每天做的事、說的話、與人相處，都

能不懊悔、不煩惱，就能安然自在。尤其見人一善，就要忘其百非，倘若是只看見別人缺點，而看不見別人優點，是無法有器量的。能夠有「日日無懊惱」的工夫，你漸漸就會有量了。

平時凡是小事，不要太和人計較，要經常原諒別人的過失。假如你肚量小，不能容人，別人又怎麼會容你呢？你能把虛空宇宙都包容在心中，那麼你的心量自然能如虛空一樣廣大。因此要以寬厚為師，有量的人，必定不會吃虧的。以上四點是養量的好方法。

第一、若要德業成，先學處窮困。

第二、若要無煩惱，惟有要知足。

第三、若要肚量寬，能堪受冤枉。

第四、若要心情好，日日無懊惱。

放逸之過

一個恣心放逸生活的人，他不以規矩行事，太過閒暇、浪蕩、隨便，就容易樂極而害至，造成過失。放逸之過有那些？下列四點：

第一、權力大者缺誠：一個權力大的人，容易流於不謹慎、不用心，過於放逸，就會缺少誠意。古人有云：「憂勞可以興國，逸豫可以亡身。」後唐莊宗李存勗承父命，南爭北戰，終得天下，後來卻因寵信伶人，縱享聲色犬馬之樂，三年之後就國滅身亡。一個位高權重者，若不謹言慎行，危機終將來臨。

第二、功勞高者缺義：一個立功的人，如果沒有時時自我省察，容易得意忘形，缺少道義，而導致失敗。好比我們一聽到關公之名，就感到他義薄雲天；一聽到曹操，明知他有霸業，卻也只能稱他「奸雄」。

因此，立功者缺少信義，功德就難保於身。反之，不恃功驕縱，「以德倡廉、以俸養廉」，必能獲得大眾的擁戴與信任。

第三、放逸多者缺勤：有的人好閒蕩、喝酒、打牌、跳舞、遊戲，甚至抱著「說者由他，行者在我」的心態，這樣不務正業，雖有快樂，卻是短暫而空虛。人生有期限，歲月不待人，認清自己的長短缺失，勤懇奮鬥，生活才會充實。否則，在人生道上白走一遭，那就可惜了。

第四、信用寡者缺德：俗話說：「人而無信，百事皆虛。」有的人講話不算數、不守信、不守時，信用一旦破產，做人缺德，做事也難以成功。古人季布一諾千金、侯嬴一言為重，皆以信為命，今人香港白手起家的李嘉誠先生說：「經常有人問我，為什麼能將事業做大？答曰無他，一字矣，『信』。」所謂：「人而無信，未知其可也。」信用實是人生無限的資本。

在世間上做人處事，對目標與方向，要不斷的自我提醒。如同經典所云：「是日已過，命亦隨減，如少水魚，斯有何樂？眾等當勤精進，如救頭燃。」珍惜當下，用精進來對治放逸，才能培養善德、財富，並且盡形壽去做一些有意義的奉獻，為國家社會及一切眾生服務。否則大限一到，想做什麼也來不及。以上四點「放逸之過」可以自我警覺。

- 第一、權力大者缺誠。
- 第二、功勞高者缺義。
- 第三、放逸多者缺勤。
- 第四、信用寡者缺德。

卷三 識人之要

人，給人的觀感，
除了外表給人的第一個印象以外，
還有一個很重要的內涵，
往往需要時間進一步相處，
才能察覺真相。

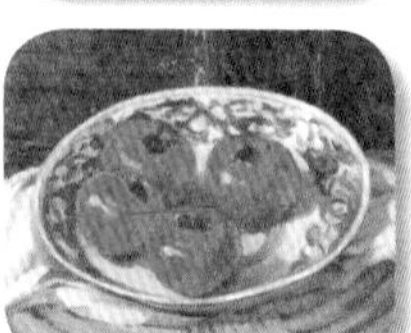

用人之道

人在世間上要想有所成就，必須會辦事，還要會用錢，尤其要會用人。懂得「用人」的人，儘管自己無用，由於能善於用人，一樣可以利濟眾生，造福社會。用人之道，有四點意見提供參考：

第一、要有和藹的態度：做人，能以和藹之容見人者，才能獲得人和。因此，身為主管者，如果經常盛氣凌人，必然不會受人歡迎，如果時常專橫傲慢，也不會有人喜歡你。現在是民主時代，總統都要下鄉，深入基層、走向群眾，展現親民、愛民的一面，才會受人擁護；身為企業主管，要想

讓屬下歡喜你、接受你，最要緊的就是要有和藹的態度，要平易近人，才能上下交流。

第二、要有謙虛的胸懷：「滿招損，謙受益」，做人謙虛一點，才能受人尊敬。所謂「敬人者人恆敬之」，做人最怕的就是「滿瓶不動半瓶搖」。你看稻穗愈是成熟，頭垂得愈低。所

以，一個成功、偉大的主管，對待屬下必然懂得虛懷若谷，謙虛以對。

第三、要有納言的美德：有的主管凡事專斷，只憑一己之見，完全不讓別人有講話的機會；或者別人講話，他總是輕易的加以否定，完全沒有接納別人意見的美德。其實，一個會用人的主管，不但要鼓勵屬下有聲音，讚許別人有意見，且要懂得「擇其善言而從之」。主管能接納屬下的意見，才能上情下達。

第四、要有容人的雅量：古人說：「宰相肚裡能撐船」。其實不只是做宰相要能容人，明白說，一個人的事業有多大，就看他的肚量能容納多少；一個人的人緣有多好，也要看他的肚量有多大。所以，一個主管能有容人的雅量，才能與屬下水乳交融，才能獲得人望。

凡人皆有長短，只要懂得用人之道，取彼之所長，破銅爛鐵也能成鋼。用人之道不是只有主管才能應用得上，在家庭裏，父母對待兒女，乃至兄弟姐妹之間，也有一些用人之道；在社會上，人與人相處，也有一些用人之道。事業做得愈大、官位愈高的人，尤其要講究用人之道。「用人之道」方法很多，除了要懂得愛才惜才、量才適用之外，自己也要有用人的道德涵養，才能讓被用的人敬重你、佩服你。所謂「會識人不如會用人，會用人不如會做人」，因此「用人之道」有四點：

第一、要有和藹的態度。

第二、要有謙虛的胸懷。

第三、要有納言的美德。

第四、要有容人的雅量。

積極待人之法

每個人天天都要和人接觸，和人接觸就要會待人，待人有待人的方法。有的人待人嚴苛，有的人待人冷漠，有的人待人無情無義，有的人待人自私自利，這些當然都不會獲得別人的歡喜。我們做人，凡事要替別人著想，要往積極面去做，才能獲得人和。積極待人的方法有四點：

第一、待人要多理解，少猜忌：人和人相處，凡事講清楚、說明白，不要在彼此心中留有陰影，否則容易「疑心生暗鬼」。因此，平時和朋友、鄰居、親人、同事相處，一旦發生任何事情，要開誠布公說明白，彼此要試著站在對方的立場去理解他、了解他，不要心存猜忌。時常猜想別人不懷好心，猜想別人心裡打什麼壞主意，這種強姦人意的心態，是人際相處的一大禁忌。

第二、待人要多寬諒，少敵視：我們待人要寬容、要諒解，不要不懷好意；你敵視別人，別人當然也不會給你好臉色看。所以，一個人心中能對人多一點寬容，多一點諒解，朋友會越來越多；如果你的心胸狹窄，對人不能寬容體諒，自然很難交到摯友。

第三、待人要多用心，少懷疑：待人處事，可以多用一點心去觀察別人的需要，了解別人的苦處，適時的給予幫助、安慰，甚至在他歡喜快樂時，真心的祝福他，分享他的快樂，他會覺得很溫暖，很感動。反之，待人不可以動不動就懷疑別人，經常用自己的成見去猜想、揣測別人，自然無法獲得對方的信任，所以用人不疑，疑人不用。

第四、待人要多包容，少排斥：待人要多包容，你的心量有多大，成就的事業就有多大。自古有一些人所以能成就大事業，就是因為他的肚量大，能包容人，例如戰國四君子，他們廣招天下賢士，食客三千當中，不管你是人才、鬼才、大才、小才，他都能量才適用，而不會排斥你。所謂「宰相肚裡能撐船」，你的心裏能容納多少人，就可以攝受多少人為你效力。同

樣的道理，你能容人，才能為人所容，才能發揮自己的長才，否則你排斥別人，別人自然也不能容你，如此即使你有再大的才華，不為人所用，終是蠢才。

人與人之間是相互的，你待人好，人也回報給你善意；你對人苛刻，當然無法獲得人心。所以，待人之道凡事要往正面、積極面去做、去想，自然不會回收負面的效果。積極待人之道有四點：

- 第一、待人要多理解，少猜忌。
- 第二、待人要多寬諒，少敵視。
- 第三、待人要多用心，少懷疑。
- 第四、待人要多包容，少排斥。

如何看人

我們每天都會接觸很多的人，在與人接觸的時候，我們也會分別這是好人，這是壞人；這是我歡喜的人，這是我不歡喜的人。「看人」是一種藝術，也是一種智慧，有的人看人只看外表，看她長得很美，我好羨慕，看他長得好帥，我好喜歡。有的人看人只看一時的，看他這個動作很斯文，看他這一句話說得很合我的意。其實，真正會看人，不能只看一時，也不能只看外表。

所以「如何看人」呢？有四點意見提供參考：

第一、勿以工作賤，而以人賤來看之：工作無貴賤，工作最神聖，我們不能以工作的內容來衡量一個人的人格高低。所謂「無位非賤，無恥為賤」，因此我們不要以為那個人是掃街的清道夫，那個人是開計程車的司機，那個人是擺地攤的流動攤販，就認為他們的工作很卑下。其實服務最偉大，只要正當的憑實力工作賺錢，行行都能出狀元，行行都有菩薩！所以不要

以工作的高下，而把人格劃上等號。

第二、勿以年紀老，而以人老來看之：生命，不是軀體，而是心性；老人，不是年齡，而是心境。有的人年紀雖然很老，可是他的精神、心力很旺盛，他服務社會的熱忱，他救世濟人的發心，可能非一般年輕人所能及，所以勿以年齡的大小，來衡量一個人的老邁與否。

第三、勿以財富窮，而以人窮來看之：真正的富有，是歡喜而不是財富；真正的貧窮，是無知而不是無錢。因此我們不能以金錢的多寡來評斷一個人是窮、是富。有的人「人窮志不窮」，比起那些有錢人，更有人格、更講究原則、更崇尚道德，這就是精神上的富有，所以不能以財富窮，而以人窮來看之。

第四、勿以成就小，而以人小來看之：一個人的成就大小，不能以世俗的眼光來論定。例如事業上的成就、經濟上的成就，愛情上的成就以外，還有學問上的成就、道德上的成就，人格上的成就等。有的人雖然沒有做大官、發大財，但是他日日發心當義工，到大馬路上指揮交通，到醫院協助病患就醫，到學校門口導護學童上下學等。他發心為人，他廣結善緣，你能說他的成就很小，就把他當成是一個渺小的小人物嗎？從世俗的價值觀來看，或許他的成就很有限，但是他的道德人格是崇高的，正所謂從平凡中更見其偉大。因此，「如何看人」，有四點：

第一、勿以工作賤，而以人賤來看之。

第二、勿以年紀老，而以人老來看之。

第三、勿以財富窮，而以人窮來看之。

第四、勿以成就小，而以人小來看之。

如何識人

生活中，無論是工作、交友，乃至擇偶，都會碰到識才識人的問題。能夠別具慧眼，觀察入微，自可尋得千里馬，覓得如意郎。然而「一樣米養百樣人」，我們該如何識才識人呢？以下四點提供：

第一、看他的心量大小：心量的大小，決定一個人的行為、談吐、決策與待人，進而決定他的成功與失敗。所謂「宰相肚裡能撐船」、「大肚能容天下事」，心如大海，則能包容分歧，容忍失敗。有雅量接受別人的批評指教，不會在小事上琢磨、計較的人，往往經得起冰天雪地的考驗，能夠成就大器。

第二、看他的品格高低：古人說：「人到無求品自高」，無求無欲的人，能進能退，不會與人計較、比較。另外，品格高尚的人，平時言行坦蕩、光明磊落，不會曖昧閃爍、諂曲阿諛；與人相處，不會只顧自己的利益，會顧全大局，或替對方著想。其他如慈悲、寬厚、正直、無私……等，都是高尚品格的展現。

第三、看他的智慧有無：玄奘大師見窺基大師舉止豁達，知道他是個大器，以三車權巧度化，造就出日後的百部論師；徐庶向劉備推薦臥龍、鳳雛，說二人得一而有天下，劉備識才，不惜三顧茅廬，始能三分天下。因此，識人用人不能固執偏限，要看其智慧有無。

第四、看他的能力強弱：識人要識其性，識其能。清朝康熙用張廷玉，乾隆重用漢人，皆是以才取人，不存門戶之見，因此擁有數百年的江山。漢高祖原本不識韓信的軍事之才，視他如一般小兵，讓他黯然離去，幸有蕭何月下追韓信，才有「築壇拜將」，使他成為漢朝的開國功臣。由此可見，識才若心存偏見，則容易錯失良將，唯有了解其能力強弱，並用其所長，才能贏得英傑。

文喜禪師於五台山不識文殊菩薩、梁武帝不識達摩祖師，都是由於不識人，而錯失請法的善因緣。所以，懂得識人很重要；能夠識人，就有助緣。如何識人呢？有這四點：

第一、看他的心量大小。

第二、看他的品格高低。

第三、看他的智慧有無。

第四、看他的能力強弱。

識人

人，我們都認識，人有一雙手、有兩條腿、有幾尺高，甚至有胖瘦、高矮等，這是人的外表。人，每一個人都有他的內心世界，他內在的思想、見解、理念、觀感；能夠看出一個人的舉心動念，看出他的心地好不好，這才是真正的「識人」。至於如何「識人」呢？有四點意見：

第一、權傾而不專擅者必賢：有的人權傾一世，他就自以為已經不可一世，於是專橫跋扈，恣意妄為，這是暴君型的人物。有的人權力很高很大，但是他不專制，他不隨便，他有權利而不濫用權利，這樣的人必定是賢能的人。

第二、多金而不慳吝者必仁：有的人錢很多，但是他為富不仁，所謂

「拔一毛而利天下，吾不為也。」有的人錢很多而不慳吝，他多金而樂善好施，這個人必定是很仁慈，很有善心，必然是一個有道的長者。

第三、才高而不傲物者可師：有的人才華很高，但是他恃才傲物，不把天下人看在眼裏，這種人有才而無德，不足為師。一個人要有才而不傲慢，儘管才華、知識、學術很豐富，但是他待人接物都很平和、很謙虛，這一種人必是德學兼備，這樣的人才值得我們拜他做老師，跟他學習。

第四、得意而不忘形者可敬：有的人常常一得意，就忘了自己，於是得意忘形的結果就會讓人看輕。例如窮人中獎了，一下子發財了，他馬上忘記過去貧窮的生活，買洋房、買汽車，大肆炫耀，一副得意洋洋的樣子。有的人本來沒有辦法，一朝攀上權貴，他就把過去的窮朋友遺忘。這一種人讓人感覺他虛榮不實在，縱使一時的得意，也不能長久，因此別人也不會尊敬他，不會依賴他。

所以，人在得意的時候，也要一如平常，也就是佛教講的平常心。不管是富人還是窮人，不管有學問沒有學問，保有一顆平常心是很寶貴的。

「近山識鳥音，近水知魚性。」人，歷經窮通貴賤、興衰毀譽，也很容易看出他的本性來。

所以如何「識人」，有四點：

- 第一、權傾而不專擅者必賢。
- 第二、多金而不慳吝者必仁。
- 第三、才高而不傲物者可師。
- 第四、得意而不忘形者可敬。

識人之鑰

社會上或團體裡，常常可以看到，有的人彼此做朋友，做到最後做不下去，絕交了，他會說：「算我瞎了眼，不識人。」也有的人在相處多少年以後，彼此只為小事意見不同，或是個性不同，或是利益分配不均而翻臉無情、六親不認，久遠情誼，一時之間化為烏有，實在可惜，這些都是識人不夠所引起。

如何才能識人？識人之要是什麼呢？以下有四點：

第一、淡中知真味：人與人相交，所謂「君子之交淡如水」，一個好朋友，他不會是「有友如華」，你如花美麗，人氣正盛，他就和你往來，等你像花萎謝了，就丟到地下不要了；也不會是「有友如秤」，你地位重

要了，他就依附你，你人微言輕，他就傲慢起來，這都是不對的。我們交的朋友，要如青山叢林，群類眾鳥都能雲集；要如大地盤石，讓人感到安全厚實。

所以真正的朋友，要從平淡裡知

有真味。等於我們吃菜一樣，太油、太膩、太豐盛，你吃了幾次，可能就不高興吃了，反之，青菜豆腐，百吃不厭，就能吃出真味來。

第二、酒肉無知交：你交朋友，天天只在吃喝玩樂的上面，怎麼會有真心交情？有云：「酒肉兄弟千個有，落難之中無一人。」有得吃、有得喝、有得玩，大家嘻嘻哈哈，等到真正患難的時刻，一個個就避不見面，不肯相助了。

第三、日久識英奇：所謂：「路遙知馬力，日久見人心。」你交朋友也要耐煩，不可要求一下子就能瞭解、就能知心，人情知交沒有那麼快速的，總要經過一些時日，慢慢發現彼此的優缺點。是不是有正義感、同情心、慈悲心？有什麼特長？有什麼奇異之能？這都要時間相處來發現，才能相互包容、提攜、進步、成長。

第四、患難見真情：朋友之交有三種，上等朋友：推衣解食患難扶持；中等朋友：同甘共苦互助互勉；下等朋友：利用友誼非法行事。在患難的時候，一個人的忠貞氣節就能顯現，才能知道朋友的真心、真情在那裡。尤其在患難中，能不退票的人，才是令人敬佩。

古人說：「賣金須向識金家」，老馬能識途，慧眼識英雄，生活在這世間上，識人之要不可少。明白以上這四點，友誼才能長長久久。

- 第一、淡中知真味。
- 第二、酒肉無知交。
- 第三、日久識英奇。
- 第四、患難見真情。

「鑑人」的方法

「評鑑」是現代化國家社會一個很好的制度。例如你辦學校，教育部要給你評鑑，看你的學校辦得好不好？你設一間工廠，經濟部也要給你評鑑，看你的工廠合不合格？甚至建一座寺院，內政部也要評鑑，這座寺院對社會教化的功能大不大？同樣的，每一個人也要經過評鑑，才會知道他的能力強不強？才知道這個人的價值有多少？關於鑑人的方法，有四點：

第一、路遠乃見腳力：「路遙知馬力」，千里馬能夠日行千里，才能看出牠畢竟不同於一般的駑馬。一個人能走多遠的路，從中就能知道他的腳力如何？所以一個人能不能擔當，他的承擔力多少，要讓他挑重；經過一番的考驗、評鑑，就會知道他的實力如何。

第二、舟覆乃見善泳：一個人諳不諳水性？會不會游泳？游泳的技術好不好？平時或許不容易表現得淋漓盡致。如果有一天不小心船翻了，他的泳技如何，馬上就會見分曉。所以，一個人的潛在能力，往往要在危急的時候才能激發；一個人的成熟穩重與否，從遇事能否沉著應變，也能一目了然。

第三、勢傾乃見真交：朋友相交，「日久見人心」。平時當我們有辦法的時候，酒肉朋友天天前呼後擁；等到有一天財窮勢盡了，所謂樹倒猢猻散。因此一個人跟我們相交，是否真心？在窮困潦倒的時候最容易看出真面目。誠所謂「一貴一賤，交情乃見」，這也是反映人性的現實。

第四、時窮乃見節操：當一個人遇上時運不濟的時候，例如生意倒閉，失業賦閒在家，工作無著，偏又債主天天上門討債。總之，種種的不順、種種的不如意，紛至沓來，接踵而至。在這艱難困苦、窮途末路的時候，如果他仍是堅守道義、對人慈悲、對家庭盡責，對上不怨天，對下不尤人，這一個人的人格操守如何？毫無疑義的，他是一個經得起考驗的人。

世間無常，凡事都在變，人也不斷在變；看人不能只看一時，也不能只看片面，所謂「繁華落盡見真章」，所以「鑑人」的方法有四點：

第一、路遠乃見腳力。

第二、舟覆乃見善泳。

第三、勢傾乃見真交。

第四、時窮乃見節操。

觀人

俗語說：「一樣米養百樣人」，一樣是人，卻有種種心、種種性、種種行，乃至種種思想、道德、人格，以及價值觀、人生觀等等不同。在林林種種的各式人中，善於「觀人」的人，才有知人之明，這是「用人」的先決條件。如何「觀人」，有四點看法：

第一、敦厚之人可託大事：敦厚為人，這是做人很大的修養，所謂「敦善行而不怠」，一個人能時刻策勵自己，待人厚道，不尖酸刻薄、不刁鑽使詐，必能受人信賴。東漢時，劉縯、劉秀二兄弟在家鄉日夜練兵，準備打倒王莽的新朝，當時左右鄰居議論紛紛，有人說道：「劉縯太糊塗了，如果這樣鬧下去，將來我們這些鄉親的命都要不保了。」說著大家都躲了起來，深怕會被牽連。後來鄰居看到劉秀也脫下農裝穿上軍服，準備出征，又說道：「連謙和敦厚的劉秀都參加他們，大概不會錯。」大家這才放下心來。可見敦厚之人讓人放心，才可託付大事。

第二、謹慎之人可成大功：俗語說：「小心謹慎不蝕本。」做事謹慎，可免因一時不察而事後懊悔，尤其身為將相，帶兵作戰，更須謹慎為要。三國時代的諸葛孔明，一生為劉備出謀獻策，乃至親自領兵出征，他無不於事前把當前的敵我情勢分析、考慮周詳，絕不急功冒進，因此能在困境中助劉備立「三足鼎立」之功。所以，做人冷靜，做事謹慎，才能成就大功；冒失急進，往往成事不足，敗事有餘。

第三、勤奮之人可創事業：從小，學校的教科書就教導學生為學之道：「勤有功，嬉無益」、「業精於勤荒於嬉」。學業要精進才能有成，

創業又何嘗不是如此。我們看社會上白手起家，創業有成的企業家，如統一的吳修齊、台塑的王永慶，他們莫不是憑著克勤克儉的精神，創下了各自的一片天，所以勤奮之人可創事業，人，也必須勤奮，才可望成功立業。

第四、忍辱之人可致祥和：人要能忍一時之氣，不忍一時之氣，往往鑄下終生憾事。但是，對一般人來說，忍苦、忍難、忍飢、忍餓、忍寒、忍熱，都還容易，但是要忍一口氣，尤其是自覺受辱之下，還能忍氣吞聲，就非易事，但也因為不容易，所以歷史上藺相如忍受廉頗的挑釁，最後演出「將相和」的圓滿結局，才會讓人至今傳為美談。這一段歷史，也為忍辱之人可致祥和，寫下明證。

善於觀人的老師，才能對學生「因才施教」；善於觀人的主管，才能讓屬下「人盡其才」。「觀人」之餘，也要善於「用人」，才能成為別人的伯樂。「觀人」有四點：

第一、敦厚之人可託大事。

第二、謹慎之人可成大功。

第三、勤奮之人可創事業。

第四、忍辱之人可致祥和。

知人

俗語說：「人心隔肚皮」，所以有謂「知人知面不知心」。知人其實並不難，只要你善於觀察，世上無有不可知之人。知人的方法有四點：

第一、遇事不惑，則知其智：「日」有所「知」，則成「智」。一個人見識博，則不迷；聽聞聰，則不惑。不迷不惑，自然有智。平常我們要知道一個人有無智慧，就看他遇事時，如果一點也不猶豫，一點也沒有疑惑，什麼事情到了他的跟前，馬上都有一個很正確的指示，顯而易見的，這是很有智慧的人。其實，人之惑，惑於私；除私則明，明則自然智生。

第二、遭難不避，則知其義：艱難是邁向真理的第一步。一個人遇到困難，如果勇於承擔，不推諉，不塞責，尤其不會居功諉過，不會把不好的推給別人，把好的往自己身上攬；任憑再大的困難，他都勇敢的擔當，勇敢的面對，這樣朋友，是講道德、是重義氣的人，跟這樣的人交往，絕對不會吃虧。

第三、臨財不苟，則知其廉：護體面，不如重廉恥；人不忘廉恥，立身自不卑污。平常我們和朋友合夥做生意，一旦賺了錢，有的人見利忘義，總要想辦法多分得一些；有的人則「見利不求霑分」，不但非份之財不取，應得之財他也能捨。這種臨財不苟得的人，為官，必然清廉；平常百姓，也是節身自好、儉樸淡泊之人。所謂「儉可養廉，廉則心清」，廉潔做人，心如明鏡，光可鑑人。

第四、應付不慌，則知其正：做人要正派，所謂「博聲名，不如正心術」，所以要「檢身以正」，正己然後可以正物。一個人，怎樣才能知道他正派與否？可以從遇到緊急事情，大家忙亂一團的時刻，如果這個人一點都不慌忙，可見他內心很坦然、很安祥、很從容、很自在，所以他能遇事不慌，由此可見他是非常正派的人。正派的人，行得正，站得直，不求形直而形自直；正如樹之直，不求影直而影自直。

與人交，能夠看清對方、知道對方，更重要的，也要能反觀諸己。能看清自己、明白自己，認識自己、知道自己，要比「知人」更重要。關於「知人」，有四點：

第一、遇事不惑，則知其智。

第二、遭難不避，則知其義。

第三、臨財不苟，則知其廉。

第四、應付不慌，則知其正。

審人

以人，從外表上去認識，很容易看得出他是男人，是女人；是漂亮，是醜陋，甚至是有智慧的呢？還是愚笨的呢？但是，一個人有沒有道德？是好人還是壞人？則就不是一時從外表便能輕易看得出來。人，給人的觀感，除了外表給人的第一個印象以外，還有一個很重要的內涵，往往需要時間進一步相處，才能察覺真相。所以「審人」之道有四點：

第一、寡言者未必是愚笨：有的人沉默寡言，平時不大愛講話，我們不要以為那個人一定很笨，都不發言。其實寡言的人不一定是愚笨，所謂「不鳴則已，一鳴驚人」，平時他不愛發言，是因為他懂得自己的身分，適不適合講話，在不是他應該發言的場合，他會謹守本分，一旦時機因緣成熟，是他發表意見的時候，他會慷慨陳述己見，而且務必達到語驚四座的效果，所以這種人其實才是真聰明，甚至可以稱為是「大智若愚」。

第二、利口者未必是聰明：有的人愛逞口舌之能，凡事經過他的三寸不爛之舌一說，頭頭是道。但是這種人未必是聰明，因為花言巧語、巧言令色，言過其實，內心缺乏誠意，日久必然被人識破，甚至被人唾棄。所以這種人逞一時之快，沒有遠見，未必是聰明。

第三、樸實者未必是傲慢：有的人生性木訥，不善言辭，不喜逢迎，見到人不懂得主動招呼、問候，也不愛自我表現。這種人有時候被認為很傲慢，其實不盡然，他只是不好誇張、不好表現、不好趨炎附勢，這是樸實，而不是傲慢，所以樸實者未必是傲慢。

第四、承順者未必是忠誠：有的人承事主管，必恭必敬，不管對錯，凡事順從，我們不要以為這個人必定是我的心腹、是我的忠臣。其實從另一方面來看，這種人只知為自己邀寵而大獻殷勤，完全不顧主管的利害、得失，一味承順的結果，往往陷主管於不利。所以我們

要從另一方面來看人，完全沒有是非觀念，沒有人格節操，只是一味承順者，未必是忠誠。

做人，要經常自我審察，看看自己的心念言行，自己的身口意三業是否清淨，才能自我健全、自我提昇。做人還要懂得「審人」，對於身邊所相處的人，是善是惡，是賢聖是不肖，是好人是壞人，是否值得學習交往，也要有所認識，才能自我保護、自我成長。「審人」之道有四點：

第一、寡言者未必是愚笨。

第二、利口者未必是聰明。

第三、樸實者未必是傲慢。

第四、承順者未必是忠誠。

相人之術

「相由心生，貌隨心轉」，一般的江湖術士算命，是從一個人的相貌來斷定一個人的命運與未來。其實，人的命運不在相貌上，而在他的心地與行為上，所以真正會相人的人，要看這個人的心術正邪、待人厚薄、才情膽識如何？關於「相人之術」，有四點：

第一、以利誘之、審其邪正：「君子臨財不苟得，小人見利而忘義」，所以要知道一個人是正人君子？或是邪佞小人？可以用重利來誘惑他，看他的態度、反應如何。如果是有道之人，對於無端而來的利益，他會一介不取，表現正直的本性；如果是無德之人，有一點小小的利益，他就如蠅逐羶，不顧一切，趨之若鶩。所以，是君子、是小人，利益之前，無所遁形。

第二、以事處之、觀其厚薄：厚道的人，處事寧可自己吃虧，絕不以自己之長來彰顯他人之短；薄德的人，遇事但求有利於己，不管他人的名譽是否受損。所以如果要知道一個人的道德厚薄，只要跟他相處共事，從他的行為，就能看出人格高下。

第三、以謀問之、見其才智：有智慧的人，胸藏兵甲，腹有韜略，做事懂得安排計劃，尤其善於出謀策劃，如果你問計於他，他會有很多中肯的意見。如果是一個才智平庸、沒有智慧的人，胸無點墨，既說不出一點道理，也沒有半點能耐。所以一個人的才智如何，看他謀事的能力，即可分曉。

第四、以勢臨之、看其膽識：一個人如果識見不高，容易滋生事端；

有膽識的人，才能承擔大任。要看一個人的膽識如何？可以用威權勢力來逼迫他，如果在權勢威逼之下，他就不敢表示自己的意見，這就表示這個人沒有膽識；在勢力權威之前，他無所畏懼，就表示他有膽識，有擔當。

歷史上，伯樂善於相馬，然而「千里馬常有，而伯樂不常有。」世間上，有才華、有能力的人很多，只是善於相人而又懂得用人的人，恐怕並不多。所以，做主管的人，善於相人之外，更要善於用人，這才是重要。

相人之術有四點：

第一、以利誘之、審其邪正。

第二、以事處之、觀其厚薄。

第三、以謀問之、見其才智。

第四、以勢臨之、看其膽識。

人才

「人能弘道，非道弘人」，不管任何團體、事業，都要靠人才去經營、擘畫，才能興隆、發達，因此舉凡機關、團體莫不求才若渴。至於什麼是人才？有四點看法：

第一、人才如土，含垢低下：真正的人才，做事精明幹練，做人樸實厚道，就像大地一樣的謙虛低下。大地因為含垢忍辱、承載一切眾生，所以為人

所敬重。歷史上，諸葛亮高臥隆中、龐統混雜在一般小民之中、韓信曾受胯下之辱；所謂萬事成於謙虛，敗於驕矜，真正的人才要懂得虛懷，要如大地之謙卑，才能成就萬事。

第二、人才如海，容受萬流：是人才，要像大海一樣，大海不揀細流，長江、黃河的水流到大海裡來，它不嫌多，即使涓涓細流，它也不會排拒。真正的人才，本身要能包容、接受異己；然而放眼現在的社會，一般人大都器量狹小，講話尖酸刻薄，待人處事經常在小處斤斤計較，如此怎麼能成為堪當大任的人才呢？

第三、人才如林，含藏萬象：是人才，要像深山裡的森林，舉凡飛鳥、走獸、礦產、各種植物，都能生存其間，可謂含藏森羅萬象。真正的人才，要胸羅萬有，如山林般蘊育寶藏無限，如此才值得別人去開採、發掘。

第四、人才如水，委曲自如：是人才，要「屈伸自如」，就如流水一般，遇山則轉、遇石則彎，不管任何阻礙，它都能流出自己的渠道。一個真正的人才，難免受人嫉妒、排擠；當承受委曲、挫折時，要像流水一樣，自能委曲婉轉，流出自己獨特的流域，流出自己理想的曲線。

韓愈說：「世有伯樂，而後有千里馬。」真正的千里馬，也要有伯樂去發掘，才有機會嶄露頭角。因此，如何鑑別真正的人才，有四點：

第一、人才如土，含垢低下。

第二、人才如海，容受萬流。

第三、人才如林，含藏萬象。

第四、人才如水，委曲自如。

上中下人

有一種人，喜歡做「上、中、前」之人，意即吃飯坐在上首，照相坐在中間，走路走在前面。做上中前人，不是不好，只是要有「上焉者」的條件。假如把人分成「上焉者、上中者、下焉者、下下者」四種等級，就可以知道，自己是否為「上焉人」。這四種「上中下人」的等級要怎樣看待呢？

第一、上焉者為人民之僕：為大眾服務的官吏，都稱自己是人民公僕。只是作為人民的公僕，如何才算是上等人呢？首先要為人民服務，時時感受到民生所需和眾生疾苦。像觀世音菩薩「尋聲救苦」、「千處祈求千處現，苦海常做度人舟」，只要眾生有苦難，不會分別對象是黑人或是

白人，更不會計較是中國人還是美國人，其慈悲心一樣普遍平等，深遠廣大，這就是上等的人民公僕。

第二、上中者為國家之僕：世界上有許多國家的領袖、總統，他們每日兢兢業業，殫心竭慮地為自己的國家犧牲奉獻，爭取利益。在維護自己國家的利益之下，或許無法兼顧其他國家人民的利益，所以這是上中者的國家之僕，因為他的發心僅限於自己的國家。

第三、下焉者為名位之僕：如果一個人只是為了追求自己的名份、地位、利益，而不斷的辛勤工作，以獲得他人的認同，或是汲汲於逢迎諂媚，以便享有榮華富貴，那麼他只是自己的名位之僕，這是屬於下等人。

第四、下下者為私利之僕：最最下等的，就是那些只想到個人的利益，而不惜破壞國家前途，或是營私舞弊、出賣朋友者。他的心目中沒有國家社會，更沒有人民大眾。這種私利之僕，是為下下者。

所以，我們看社會上居高位的人，不是看他的官位高低，而是看他的思想、他的言行，是否能為人民的福祉設想，如果能，那麼他就是上等人；以家國為尊，是上中等人；只求個人名位，是下等人；專為自己百般計較，謀求私利，便是下下人。

全國為政者、公務人員，不妨自我檢討，自己是那一種人？民眾們也不妨睜大眼睛，衡量一下我們所選出來的人民公僕，究竟是那一等人？

上、中、下人，分為四等，提供大家參考：

- 第一、上焉者為人民之僕。
- 第二、上中者為國家之僕。
- 第三、下焉者為名位之僕。
- 第四、下下者為私利之僕。

非人

在佛經裡有一個名詞，叫做「非人」，亦即「不是人」。原意是泛稱天、龍、夜叉、阿修羅等八部護法神，及其他鬼神眾。人類是人，當然不在非人之列。因此，一個人若被指為「非人」，是很嚴重的責備與輕視。什麼樣的行為、惡性，才會被貶為「非人」？有四種：

第一、忘恩負義的人，是非人：自古以來，感恩圖報就是值得歌頌的美德，因此「結草銜環」之類的故事，讓人津津樂道。倘若一個人受了他人的恩惠，不但不知感恩，反倒恩將仇報，就太過份了。《六度集經》說：「寧出水中浮草木上著陸地，不出無反復人也。劫財殺主，其惡可原；受恩圖逆，斯酷難陳。」恩將仇報者，比劫財殺主還可惡，比水草樹木還不如，因此，忘恩負義者不是人。

第二、敗事有餘的人，是非人：《孟子》說：「君子莫大乎與人為善。」君子最喜歡贊助他人的善事，如果有人不但不助成他人的好事，還嫉妒他人的成就，專門破壞別人的好事，專說他人的壞話，這種存心敗人好事的人，就不是人。

第三、助紂為虐的人，是非人：有一種人，原本就出身不好，卻又「行身惡行，行口惡行，行意惡行。」《雜阿含經》稱這種人為「從冥入冥」。現實的社會上也有這種人，他們存心不正，看到別人作壞事，不僅不勸阻，甚至助紂為虐，或是顢頇愚痴，見人行惡，不知杜絕惡行，反而有樣學樣。這種助紂為虐、顢頇愚癡的人，也是非人。

第四、焦芽敗種的人，是非人：苗芽燒焦了，就不能活；種子敗壞了，也

不能種植。佛陀曾批評不發大心行菩薩道，自私自利不願普度眾生，只顧自己解脫的人為焦芽敗種，因為他們無法延續佛法慧命。若社會上的人都只知明哲保身，不護公理，沒有正義，誰來維護正義？這些只知維護自己利益，卻大歎社會風氣敗壞的人，也是焦芽敗種，也算是非人。

知恩圖報、助人為善，都是世間善行；不助紂為虐，不做焦芽敗種，即是有益社會團體。我們既是堂堂正正的人，就應避免成為這四種「非人」。

第二、忘恩負義的人，是非人。

第二、敗事有餘的人，是非人。

第三、助紂為虐的人，是非人。

第四、焦芽敗種的人，是非人。

有前途的人

一個人有沒有前途，就看他青少年時期。這個時候，如同在人生的十字路口的分歧道路上，你要走向善的路，還是向惡的路？你未來有功於社會？還是有害於社會？這是選擇的關鍵階段。因此期許所有青年珍惜自己、尊重自己、表現自己，未來必定有前途。什麼是有前途的人？給青年四點意見：

第一、對人要感激：青年的吃穿用度，都是父母供給；知識學問，都是師長教授；做人處事，都是長輩指導，甚至社會大眾成就，公共設施、各行各業，讓我們在人世間，食衣住行方便快捷，享受許多社會資源，因此要懂得感恩，對人要感激。

第二、對己要克制：青年正值「血氣方剛」，容易衝動、生氣，甚至情緒化。因此，要緊的是，對自己要有克制的能力，不是我應該要的東西我不貪，不應該發脾氣的，我不發脾氣。能沉得住氣，才是大器。

第三、對事要盡力：青年遇到事情，不怕失敗，要有承擔的勇氣，盡心盡力去做。所謂「做時全力以赴，結果隨緣無求」，世間種種都是因緣成就，與眾人的奉獻而成，只要對大眾有利的事，就應盡力去做，用你的心血、你的貢獻、你的勤勞、你的智慧去努力以赴，才能獲得別人的肯定與信賴。

第四、對物要珍惜：青年對金錢要珍惜，對物用也要珍惜。就像腳上的球鞋，本來可以穿三年，你穿不到一年就壞了；身上的襯衫，可以穿三年五載，褪了流行，你就丟棄了，這都是不愛惜物用。如果不珍惜福報，就好比銀行的存款，你隨意亂花，總有用完的一天。弘一大師惜用破毛巾，為人敬佩；雪峰禪師不棄一片菜葉，以愛物自我修練，這些都是現代青年要學習的美德。

諺云：「有志沒志，就看燒火掃地」，「從小一看，到老一半」。森田沙彌雖小，連司鐘時都曉得敬鐘如佛，難怪長大之後，成為一位禪匠。玄奘大師自勉「言無名利，行絕虛浮」，果真紹隆佛種，光大佛教。青年的未來前途在那裡？都在自己的言行舉止中。送給青年朋友以上四句話：

第一、對人要感激。

第二、對己要克制。

第三、對事要盡力。

第四、對物要珍惜。

人之大患

老子說：「人之大患，在吾有身。」人有個身體，要吃飯、要睡覺、要穿衣、要化妝、要盥洗、要大小便溺，甚至要營養、要運動、要保健。尤其為了這個身體，七情六慾、種種的欲望，要不斷的滿足他，實在很麻煩。其實，「人之大患」尚不止於此，以下四點，更可看出人的隱憂：

第一、能見秋毫，不見其睫：一個人，能看得見環境上的微塵、沙粒，乃至小小的羽毛、毫髮等，卻看不到自己的睫毛。意思是說，人往往看得到別人小小的過失，卻看不到自己大大的缺點。平時眼睛所見，都是別人怎樣不對，如何不好，卻從來不曾好好的反觀自己。所以，人能看得見別人，卻不能認識自己，這是人的膚淺。

第二、能舉千鈞，不能自舉：人的力氣有大小之分，力氣小的人能舉廿公斤、卅公斤；力氣大的人能舉四十公斤、五十公斤，甚至大力士一百公斤他都能舉得起來。但是即使是力大如牛的人，你叫他把自己舉起來，這是不可能的事，他舉不起來。意思是說，人有能力對抗外境，卻往往拿自己沒有辦法。不能做自己的主宰，這是人的悲哀。

第三、能取短利，不懼遠禍：貪圖近利，眼光短淺，這是人的大毛病。人經常只顧近處的利益，不管背後潛藏的危機，只要當下能夠得到利益，能夠獲得錢財就好，至於後果如何，完全不去考慮，因此貪污舞弊的事件層出不窮，此誠所謂「菩薩畏因，眾生畏果」。但是「人無遠慮，必有近憂」，你只貪圖近處的短利，看不到未來的隱患，就會有大禍臨頭，這也是人的無知。

第四、能觀天下，不視己過：人可以遨遊天下，可以視察寰宇，可以到歐洲、澳洲、美洲等五大洲遊歷，可以看遍世界的各大奇觀，覽盡世界的美麗風景，甚至分析天下大事，得失利弊、縱橫捭闔，都能講得頭頭是道，但就是看不到自己的過失，這也是人的愚癡。

所以，「人之大患」歸結起來就是看不到自己的心，因此不能認識自己，當然就無法自我學習、自我進步、自我昇華。人，應該要「不看外而看內，不看人而看己」，因此「人之大患」有四點，應該去除：

第一、能見秋毫，不見其睫。

第二、能舉千鈞，不能自舉。

第三、能取短利，不懼遠禍。

第四、能觀天下，不視己過。

知人之明

「知人善任」是一個領導者應該具備的基本條件，因為人各有其才華、能力、特長、個性、好惡等。所謂「用人之長」，不能知人，就不懂得用人；不能用人，就不能做一個領導者。關於「知人之明」，有四點意見：

第一、要知道這個人的「能」：一個人的能力，有時候體能很好，有時候智慧很高；你要知道他的能力所在，針對他的才能好好利用，給他空間發揮。一個有能力的人，不讓他盡情施展，就如打籃球的人，老是讓他坐冷板凳，不讓他上場，實在可惜。又如千里馬，沒有伯樂的賞識，「祇辱於奴隸人之手，駢死於槽櫪之間，不以千里稱也。」豈不令人扼腕歎息。

第二、要知這個人的「才」：人的才華，要從事實中去表現。過去有許多英雄好漢，常有「懷才不遇」之歎。有才不得施展，固然是個人的不幸，也是團體的損失。所以對於有才華的人，要想辦法給他發揮，不能一直壓抑他；如果不肯授權，不給他自主，即使才高八斗，才華蓋世，甚至像屈原，縱有滿懷報國之志，也是徒歎奈何。

第三、要知這個人的「緣」：有時候，一個人雖然本身能力有限，才華也不高，可是他的人際關係很好，他所結的緣很廣，懂得運用他的因緣關係，也很重要。所以，一個善於用人的主管不但重視這個人自身的能力，還要懂得用他的關係、用他的因緣。

第四、要知這個人的「義」：我們用人，有時候這個人雖然很聰明能幹，但是他沒有道義；有時候雖然能力才華差了一點，但是他很講義氣，你能用他的義氣，這個人就有價值了。過去有一些主人，家裏的僕人一跟隨就是幾十年，為什麼？因為有義；過去一個管家，只要你授權給他，他可以替你把產業、把各種關係維繫得很好，為什麼？因為有義。所以用人要用有義氣的人，這也是知人之明。

所謂「知己知彼，百戰百勝」。做一個主管，甚至一般大眾，除了要有「自知之明」，也要有「知人之明」。「知人之明」有四點：

第一、要知這個人的「能」。

第二、要知這個人的「才」。

第三、要知這個人的「緣」。

第四、要知這個人的「義」。

人的次第

社會上有很多種人，有好人、壞人、善人、惡人。就算是好人當中，也可分出次第。例如一等人，很能幹，也沒有脾氣；二等人，很能幹，脾氣也很大；三等人，不能幹，也沒有脾氣；劣等人，不能幹，脾氣卻很大。另外，有慈悲有智慧，是一等人；有慈悲無智慧，是二等人；有智慧無慈悲，是三等人；無慈悲無智慧，是劣等人。除此之外，「人的次第」還可分出四等，以下說明之：

第一、重信守諾是第一等人：信用是一個人無形的資產，季布的「一諾千金」，可見誠信對人的重要。有的人對自己的信用很重視，對自己許下的諾言很信守；有時為了履行信用，不惜一切的辛苦，為了遵守承諾，不惜一切的犧牲。對於信用、諾言都能堅守的人，這是第一等人。

第二、光明磊落是第二等人：人際之間的相處對待，

如果能夠做到坦坦蕩蕩、磊落自在，互相都以一顆真摯良善、清淨無染、無私無我的心相向，這就是人格的提昇，生命的昇華。因此，一個行為光明磊落、心胸坦蕩無私的人，這是君子風範的人物，也是英雄豪傑的典型，這是第二等人。

第三、聰明才辯是第三等人：有的人口才犀利，聰明能幹，但是不夠內斂、厚重，總喜歡在講話、做事當中，不時賣弄一些聰明，玩弄一些才華，表示他的能力勝過你、比你強、比你好。這種人雖有聰明才辯，總是世智辯聰，在做人方面還是很膚淺不足，不夠成熟，所以是第三等人。

第四、自私自利是第四等人：一念為己，成就有限；一念為人，廣結善緣。心中有人，為人著想，這是做人的先決條件。一個人如果心中有我無人，必然待人嚴苛，凡事只顧自己，不管他人，如此自私自利的人，屬於第四等人。

人生最大的勝利，不是戰勝敵人，而是戰勝自己。生命的光榮，不在於受時人的讚美，而在於能為後人所效法。所以，人生的價值，要靠自我創造。一個人只要肯負責任，就是能者；不負責任的人，不管能力再強，都是庸才。因此，人有次第，我們自己是屬於那一等人呢？有時候不妨自我評鑑一番。「人的次第」，有四點：

第一、重信守諾是第一等人。

第二、光明磊落是第二等人。

第三、聰明才辯是第三等人。

第四、自私自利是第四等人。

人的層次

人，有上等人、中等人、下等人，甚至有劣等人之分，我們自己是屬於那一等人呢？我們怎麼樣來分別「人的層次」呢？提供四點看法：

第一、上等人，有慈悲有智慧：你是上等人嗎？上等人不但有慈悲，而且有智慧。慈悲心就是一種仁愛之心，對人有愛心、有同情心，肯去幫助別人。所謂「慈能予樂，悲能拔苦」，能對別人的苦難感同身受，進而發起救苦救難之心，給人歡喜、給人信心；有這樣的心意、身行，就是慈悲。有慈悲還要有智慧，有智慧才能明理，才能分辨是非、善惡，才能教說別人、教育別人、幫助別人。所以，有慈悲有智慧，這是上等人。

第二、中等人，有慈悲無智慧：中等人有愛心、有慈悲，但是慈悲裡缺少智慧，所以不能明白真正的好壞、善惡、是非、正邪，也就是不明理。不過，雖然不明理，但總是寧可自己吃虧，對別人他還是有慈悲、有愛心。這種人仍然算是很好的人，所以是屬於中等人。

第三、下等人，有智慧無慈悲：有一種人，他很聰明，甚至可以說是詭計多端。但是雖有聰明才智，卻沒有一點慈悲心。如果你想請他幫忙，他一點也不肯；你想要他助一臂之力，他寧可袖手旁觀。這種人固然很聰明，但是不肯跟人結緣、不肯幫助別人，沒有一點慈悲心，所以是屬於下等人。

第四、劣等人，無慈悲無智慧：做人最差勁的就是第四種的劣等人。劣等人不但沒有慈悲心，不肯對人施予幫助，而且他也不聰明，沒有智慧，對團體不能有所貢獻，只是享受現成。尤其這種人不但不肯給人，甚至貪得無厭；不但自己不明理，甚至因不明理而侵犯別人。所以跟這種人相處，會很麻煩。

慈悲和智慧，就好像人的一雙手。一個人如果只有一隻手，力量不夠，必須兩手配合，才能做事。慈悲與智慧，又如人的一雙腳、鳥的一對翅膀；人有雙腳才能走路，鳥有雙翅才能飛行。所以，有慈悲有智慧最好，沒有慈悲或缺少智慧，如同缺了一隻手或缺了一隻腳，做任何事情都很難成就，很難成功。所以「人的層次」，有四點：

第一、上等人，有慈悲有智慧。

第二、中等人，有慈悲無智慧。

第三、下等人，有智慧無慈悲。

第四、劣等人，無慈悲無智慧。

人如馬性

在佛經裡經常把對人的教育，用馬來比喻。人和馬一樣，分成四等根性。上等的馬，不待騎乘的人揚鞭吼叫，只要人一騎上去，牠就奔馳了。次一等的馬，要你揚鞭、呼喝，牠才懂得開始奔跑。再次一等的馬，要你拿鞭打牠，牠才肯走。甚至有的馬，你愈是打牠，牠乾脆睡下來，不走了。

人性也跟馬一樣，有的人不待你教，他會自己做人。有的人自己不會做人，不過你稍為點他一下，他就懂得如何做人了。有的人你教他，他心生反感，不肯受教。甚至最劣等的人，總要等到自己親身吃了苦，受過難，他才知道如何做人，但已太遲了。所以關於「人如馬性」，有四點意見：

第一、見鞭即驚是聖者：見到鞭子，就能驚覺，就肯奔馳，這是上等的良馬；如同聖人，見到生死、看到罪惡、體會無常，他就懂得應該要精進修道。

第二、觸毛才驚是賢士：有的馬，你必須揚鞭觸到牠的毛，牠才會驚覺。就如有的人要經過一番刻骨銘心的教訓，他才知道要學好，才懂得要上進，這也還算是個有道心的人。

第三、觸肉始驚是凡夫：有的馬，一定要你揚鞭，打到牠的皮肉，讓牠感到疼痛，牠才肯奔跑。就如一般的凡夫，所謂不見棺材不掉淚，不到黃河不死心，這種人一定要等死到臨頭，他才知道要修行，所以「觸肉始驚」是凡夫。

第四、徹骨方驚是愚人：有的馬，必須打得牠痛徹骨髓，打得牠疼痛難受，牠才知道奔馳。這就如同很多的罪犯，總要等到啷璫入獄，才悔不當初，所以徹骨方驚是愚人。

人如馬性，馬有優劣，人有智愚。從馬的身上，可以反映出人的質資，你是聖者呢？是賢士呢？還是凡夫呢？或是愚人呢？不妨自我評鑑一番。所以「人如馬性」有四點：

第一、見鞭即驚是聖者。

第二、觸毛才驚是賢士。

第三、觸肉始驚是凡夫。

第四、徹骨方驚是愚人。

人力資源

現在我們的社會，最需要的就是增加能源，能源在哪裡？在山林、在海底、在空中。世間的太陽能、風的風力、水的水力，都是發電的能源，而人類最大的能源是「心」，心能夠發出很多的力量，這些力量就是資源，什麼是心所發出的人力資源呢？

第一、壓力是推動力：日常生活中，難免會有壓力，其實，「壓力可以激發潛力」，就如春秋戰國時期，是小邦圖存，大國爭霸的時代，各諸侯國在強大的壓力下，一定要變法圖強。所以壓力是邁向成功的推動力。

第二、阻力是前進力：在斜坡停車時，於後輪下放置障礙物，可以防止車子下滑，所以，阻礙是防止退步的力量，也是讓我們向上的前進力。

就如，花樹經過修剪後，就能開出美麗的花朵，這是植物抗拒阻力的本能，所以，阻力就是茁壯的前進力。

第三、聽力是向心力：人際間的往來，能聽懂別人的話，是很重要的，假如你有聽的能力，就能聽出別人的重點，聽出別人的語意，甚至能將所聽到的都能往好處想，如此對於真理、對於他人的主張，就有一種向心力。

第四、盡力是無悔力：對事情的處理，不管有沒有成功，都要自問：「我盡力了沒？」《阿含經》云：「隨其輕重，能盡其力」是良馬之德。人亦是如此，凡事只要向前向上、盡心盡力、無怨無悔，就是無悔力。

第五、耐力是判斷力：耐力，能讓人無論處於什麼樣的艱辛環境，都不輕言罷休，因此凡事能苦盡甘來，如此一次次堅持到底的經驗後，必能增加豐富的智慧，這就是判斷力。

第六、潛力是發展力：潛力，就是內在的能力，每個人都有一個無限的潛能寶藏，那個寶藏就是潛力。根據統計，有天才之譽的愛因斯坦，只開發了百分之五的潛力，可見開發人的潛力，就能擁有無盡的發展力。

第七、老力是經驗力：不要以為人老了就行將就木，已無大用，其實，老人是時間累積的智者，其具有歲月結晶的經驗，這是誰也不能抹殺的經驗力。

第八、努力是成功力：韓愈說：「業精於勤荒於嬉，行成於思毀於隨。」就是說明一分耕耘、一分收穫，只有努力耕耘的人，才能獲得豐碩的果實。愛迪生也說：「成功是靠一分的天才，加上九十九分的努力」，所以努力就是成功力。

人的力量資源是無盡的，在自我資源的開發裡，有時是靠外來的幫忙，有時要靠自己去探索，所以人力的資源有八點：

- 第一、壓力是推動力。
- 第二、阻力是前進力。
- 第三、聽力是向心力。
- 第四、盡力是無悔力。
- 第五、耐力是判斷力。
- 第六、潛力是發展力。
- 第七、老力是經驗力。
- 第八、努力是成功力。

人際相處

人，無法離開群體而獨自生活，每個人都要與他人相處，因此人與人之間的接觸往來，便成了人生一門很大的學問。

與人相處貴在相知，尤其「勿以己之長，而顯人之短」，彼此要能互相尊重，互相成就，要懂得欣賞對方的優點；能夠「觀德莫觀失」，才能結交朋友。對於人與人之間的相處之道，有四點意見：

第一、對賢能者服之以德：面對賢能的人，我們不可以用權勢、金錢、名位來取悅他，而是要以自己良好的品性、德行與之交往，就如荀子所云：「君子易知，而難狎。」因為賢能的人雖然易於親近，但是如果你的態度輕浮、邪佞，則難以令賢者看重你，所以對賢能的人，要服之以德。

第二、對乖張者馭之以術：面對一些生性囂張、猖狂、傲慢的人，要如何與他相處呢？要馭之以術！也就是要有「方便」的方法。就如同馴馬師要調服頑劣的馬，一定要先懂得牠的性情，再依牠的特性來調御。有時候順著牠的心意，有時候要適時地控制牠的方向。待人也是如此，不能一味地打罵責備，而是要先讓他感受到你對他的尊重，並且要傾聽他的聲音，適時給與勸告；能有一些對治的方法，才能讓他稱服。所以對乖張者，要馭之以術。

第三、對樸拙者賦之以專：面對生性比較遲鈍、樸實，甚至笨拙的人，我們要怎麼辦呢？《三國志》云：「貴其所長，忘其所短。」就是說明用人要「知人善任」，對於他的缺點要包容，而善加利用他的長處，並且給他因緣好好發揮。也就是說，對於能力較差的人，應視其能力，交待給他能完成的事，再從旁教導他做事的方法，讓他有信心獨力完成。因此我們對待樸拙者，要賦之以專。

第四、對頑劣者教之以方：對頑劣、不受教、剛強、下劣者，我

們不能把他開除，也不能不用他，但是要有方法讓他接受你。例如：用慈愛待他，讓他因受到關心而軟化彼此的對立；用鼓勵待他，讓他受到讚美而對自己產生信心；或者用威力來降服他，讓他受到威迫而能跟隨你，所以對頑劣者，要教之以方。

人際相處，要善觀因緣、隨順因緣、珍惜因緣，尤其彼此能相互給自他留有一半的空間，則不但不會有衝突磨擦，還可以保持適當的交流，發生互補的作用。所以人與人相處，有四點意見：

- 第一、對賢能者服之以德。
- 第二、對乖張者馭之以術。
- 第三、對樸拙者賦之以專。
- 第四、對頑劣者教之以方。

涵養人格

人所以稱之為人，就是要有人格。如何昇華人格，增進內在的涵養？在於我們日常性格的培養。人格並非一天就能樹立，也不是一天就能長養，人格是要經過一些時日的磨練，要作一番涵養的功夫，才能養成。關於人格的涵養，有四點意見：

第一、學問使人謙虛：你想要有人格嗎？那就必須讀書。讀書可以增加學問，可以使人明理；讀書可以增長知識，可以涵養氣質。所謂「腹有詩書氣自華」，有學問、有知識的人，更懂得謙虛自抑，因此愈顯人格的高貴。

第二、無知使人驕傲：有一些人沒有學問，沒有知識，卻自以為是。

經常仗著錢財而傲慢，仗著勢利而橫行，仗著好戰稱勇而耀武揚威，仗著年輕力壯而自我陶醉，如此只有顯示自己的無知。所以無知能使人驕傲，驕傲的人其實就是無知。

第三、虛心使人高貴：一個人不管做人處事，如果肯得虛心學習、肯得虛心求教、肯得虛心請人指導，他就會有進步。所以虛心的人，並不是低聲下氣，更不是低三下四的人，反而越是虛心，越顯得高貴。因此，真正高貴的人，就是虛心的人；真正虛心的人，也是高貴的人。

第四、自負使人膚淺：有的人太過自負，以為自己才華過人，以為自己比人聰明，以為自己能力很強，處處都想表現出精明幹練的樣子，如此過份自負，不免讓人覺得這個人很膚淺。其實真正胸懷大志的人，總是深藏不露，他懂得韜光養晦，懂得養深積厚，而非膚淺的自恃其能。所以自負使人膚淺，膚淺使人自負。

完美的人格、高尚的品德，是從實際生活中鍛鍊出來的。一個人不必靠華麗的衣著來妝飾自己，而要重視內在的修持，以高貴的氣質來涵容自己，以道德修養來莊嚴自己。因此人格涵養，不是從外貌、地位、權勢而來，而是從風儀、氣質、態度、性格中展現。關於「人格的涵養」，有四點：

第一、學問使人謙虛。

第二、無知使人驕傲。

第三、虛心使人高貴。

第四、自負使人膚淺。

智勇之人

智勇雙全，自古就是人所景仰、讚佩的對象。如何才能稱得上是「智勇之人」？有四點看法：

第一、智者以「知」了解一切：人類文明所以一日千里，不是靠金錢造就，而是眾人智慧的結晶。智慧就是財富，一個人的勞力有限，真正的能源在於內心的智慧。有智慧的智者，透過知識、智慧而能了解一切；就像一個學者、教授，不管你是科學家、物理學家、化學家、醫學家、文學家，在這麼多的學者專家當中，他們憑靠的是什麼？就是智慧！因為他有智慧，他用知識去了解宇宙人生，所以治學不厭是智者；而智者則以「知」了解一切。

第二、仁者以「愛」包容一切：人不一定都是智者，也不可能人人都成為學者、專家，但至少可以當一個仁者。仁者就是有慈悲心，可以用愛與慈悲來包容一切。包括我的

家人、我的親朋、我的團體、我的公司，我都能包容。甚至不但我的親朋好友、我所愛的人我能接納，對於我不歡喜的人，我也能包容。能夠包容別人的缺點，這是仁者最偉大的行為。

第三、勇者以「義」犧牲一切：什麼是勇者？勇敢的人不是跟人比拳頭，也不是拿刀槍去逞勇鬥狠；真正勇敢的人是講義氣的人。例如關雲長為了報答曹操昔日知遇之恩，他不顧自己曾經立下了軍令狀，仍然義無反顧的「義釋曹操」，如此義重如山之人，因此留芳千古，成為義勇的表徵。所以，真正的勇者，是重情重義的人，你對他施恩一分，他可以用十分、百分來回報你，甚至犧牲生命也在所不惜。

第四、忠者以「誠」奉獻一切：自古忠臣、忠僕，都是以誠忠君，以誠事主。他以誠懇、本份、老實、說一不二的真心，死心踏地的為領袖，犧牲一切、為主人奉獻一生。因此，忠者以誠奉獻一切，而能夠以誠待人者，也必是忠良之人。

學佛要悲智雙運，做人要忠勇雙全。沒有慈悲的智慧是狂慧，離開智慧的慈悲是俗情；唯有體達「同體大悲」的菩薩精神，才能令智者有所知、仁者有所愛，勇者有所為，相倚互賴，利樂一切眾生。所以怎樣做一個智仁忠勇之人，有四點意見：

第一、智者以「知」了解一切。

第二、仁者以「愛」包容一切。

第三、勇者以「義」犧牲一切。

第四、忠者以「誠」奉獻一切。

人格養成

每一個人都希望自己很有人格，有人格才像一個人，怎麼樣才有完美的人格呢？有四點意見：

第一、以無貪為富有：人要有完美的人格，首先不能有強烈的貪欲之念。貪心是永遠無法滿足的，所謂「買得良田千萬頃，又無官職被人欺，七品五品猶嫌小，四品三品仍嫌低，一品當朝為宰相，又羨稱王作帝時，心滿意足為天子，更望萬世無死期。」世間上的金錢物質是有限量的，可是欲望卻是無窮的！貪欲的人即使金錢再富有，都是富貴的窮人，唯有「知足常樂」，回歸自然的簡樸生活，才算富有。所以，貪欲是貪窮；不貪為富。

第二、以無求為高貴：「人到無求品自高」，人常常因為對別人要求太多，對物質要求太強，因而降低了自己的人格。所謂「吃人嘴軟，拿人手短」，一個人如

果貪得無厭，處處有求於人，必然曲躬諂媚、厚顏鮮恥；反之，如果到了功名富貴於我無所求，則人格自然高貴起來。

第三、以無瞋為安樂：經云：「瞋心之火，能燒功德之林。」瞋心如火，瞋心一起，如火中燒，自然熱惱不安；瞋心一起，所謂「怒火中燒」，自然就會不快樂。尤其人在生氣動怒的時候，管他什麼人情義理，一概不顧，所以瞋心一起，不但自己不快樂，同時也會失去人格。唯有息下瞋恨之火，對別人待之以寬恕、慈悲，自己心裡自然感到平靜、安詳，那不就是安樂之境了嗎？

第四、以無癡為聰慧：有人說：「寧可和聰明的人打架，也不和愚癡的人講話。」人因愚癡、邪見而不明理，不明理就是愚癡。和愚癡的人講話很痛苦，因為愚癡的人蠻不講理，所講的理都是「似是而非」。愚癡很可怕，愚癡就是邪見、就是煩惱；人能無癡，就是聰慧，沒有愚癡就會感到清涼。

人所以稱為萬物之靈，在於人有人的尊嚴；人的尊嚴，那就是「人格」。人格，不是父母師長能夠給予的，也不是黃金美鈔所能購買的。人格是我們遵循道德而培養的，是我們契合真理而昇華的。有的人流芳百世，有的人遺臭萬年，其分別就在於有沒有人格。關於人格的養成，有四點：

- 第一、以無貪為富有。
- 第二、以無求為高貴。
- 第三、以無瞋為安樂。
- 第四、以無癡為聰慧。

人格的養成

小樹需要灌溉才能長大，幼小的身心需要滋養才能茁壯。人生無論什麼都要養成，道德要養成，知識要養成，思想要養成，人格更要養成。人格的養成，有四點意見：

第一、清明可以養志：一個人的一生，清明很重要。例如，天空清明才可愛，湖水清澈才會讓人歡喜，所以我們要養成清明的思想，清明的行為，清明的風格，尤其要養成清明的志向。一個人從小就必須養志，立大志，做大事，不一定要做大官；要立大志，講實話，不說妄語；要立大志，做大人，不做小人。一個人如果能不斷的養志，他就會遠離混濁、糊塗、自私、執著；一個人如果能不斷的養志，就會不斷的進步、向上、擴大、昇華，所以養志是人格養成的第一要素。

第二、機警可以養識：知識可以充實自己，知識可以明白事理，知識可以看清是非，知識可以分別善惡。知識好像光明，可以破壞黑暗；知識可以辨別輕重，知道得失；知識可以知己知彼，大家共存。如果我們沒有充實自己的知識，就不會受人器重，所以人要時時自我警覺，要知道自己的不足，要用機警來養自己的膽識，養自己的知識，養自己的見識，養自己的常識。

第三、果斷可以養才：飯煮熟了以後，要養它一下才會更香軟；菜煮熟了以後，也要養它一下才會更入味。疲倦的身體，休養才會有力；用久了的東西，保養一下才會更耐用。人的才華也是要養育他，才會更見增長。才能、才氣、才情、才德，都要養成，尤其做人處事不要唯唯諾諾，沒有果斷；差不多先生不受人歡迎，你必須果斷的培育好自己的才華，能夠分別是非，辨別輕重，衡量善惡，無論什麼事經過你的評判，就能立見分明。所以果斷養成了才能，何患不能成功立業。

第四、寬容可以養量：做人，要做大人或做小人，要做大事還是做小事，就看你有量無量。凋謝了的枝幹，經過春

風一吹，它又能開出花朵，這是因為它雖為枯枝，但是它還有能量在。管仲、晏子，都是因為有量，才能成功立德。但是有量之外，還要有寬弘的見識、包容的胸襟，凡事都能替別人留有一點餘地，時時不忘給人一點機會；話不可說得過頭，勢不可一下使盡，你替別人留一點空間，留一些機會，你會有無窮的受用。

所以，如何養成人格，有四點：

第一、清明可以養志。

第二、機警可以養識。

第三、果斷可以養才。

第四、寬容可以養量。

人格的資糧

資糧，是必需品的意思，好比人要遠行，必須靠糧食來維持身體能量；修行佛法，要有善根功德來做資助的道糧。一般人常常希望有一點佳言好語，做為自己立身行事的座右銘，這也是做人處世的資糧。以下「儉慈誠愛」四個字，不妨可以做為我們人格的資糧，因為：

第一、儉約是美德：先哲云：「儉之一字，其益有三：安分於己，無求於人，可以養廉；減我身心之奉，以賙極苦之人，可以廣德；忍不足於目前，留有餘於他日，可以福後。」你看，衣服雖舊了，還可以再穿，去年買的東西，今年還可以再用，能穿的則穿，能用的則用，就不要浪費了。每一樣東西都有生命，好比桌椅，你不隨便弄壞它，使用的時間愈長，那就是它的生命；一件衣服，可以穿得五載十年，發揮它的功能。所以儉約也是一種護生、一種美德。

第二、慈善是快樂：做好事，存好心，布施、奉獻、服務都是人生快樂的泉源。假如你貪圖小利，不肯與人為善，事後才覺得懊惱不值，身心不安，那實在划不來。但是如果你有一些東西供養別人，例如：口說好話、微笑待人、隨喜幫助、布施助人，這些慈心善行，會讓我們擴大生命的意義價值，身心得到安穩快樂、自利利他。

第三、誠實是信用：做人處事，「誠」是首要的條件，你誠實不欺，行不騙人，坦坦蕩蕩，他人就會敬重你；你心不虛假，言不妄說，踏實守信，別人更會肯定你。誠實做事，誠實做人，信用自然而來，這可說是人格一大美德、財富及保障。

第四、愛人是仁義：《大戴禮》：「仁者莫大於愛人。」在這個世間上，最美的事情，就是愛護別人，最好的事情，就是愛護世間。所謂「君子愛人以德」，你對世間、對他人、對社會，經常施以愛，那就是一種仁義，種了仁義的因，自然有仁義的結果。人間有了仁義，就會充滿溫馨與善美。

儉慈誠愛，實在可以做為我們人生做人處世的資糧。

- 第一、儉約是美德。
- 第二、慈善是快樂。
- 第三、誠實是信用。
- 第四、愛人是仁義。

人的根本

樹要有根，才能生長、才能存活；人要有本，才能會道、才能有主。所謂「本固則道生」，所以《六祖壇經》裡慧能大師說：「不識本心，學法無益」。人的根本是什麼呢？有四點說明：

第一、父子以慈孝為本：現在的社會，講究親子關係。所謂上慈下孝、上敬下愛。一個家庭裡，如果長輩對晚輩不慈愛，晚輩對長上不孝敬，人倫失序，家庭失去了根本，這一個家庭就很難和諧、健全，所以親子之間父慈子孝，是家庭和樂的根本。

第二、夫妻以敬愛為本：男女結為夫妻，成為一家人，彼此應該互相敬愛，不能天天吵架，彼此怨恨，甚至經常你怪我、我怪你。所謂「不是一家人，不進一家門」，既然成為一家人，就要以情愛為根本，也就是要你愛我、我愛你，你尊敬我、我尊敬你，你幫助我、我幫助你。能夠互相諒解、互相體貼、互相親愛精誠，這是夫妻相處的根本。

第三、長幼以謙恭為本：一個家庭裡，有時候兄弟姊妹人口眾多，伯叔長輩等親人眷屬的關係也很龐雜。這當中彼此應該如何相處呢？最重要的是長幼有序，所謂「兄友弟恭」，彼此之間能夠謙讓恭敬，這是長幼之間的相處之道，也是人倫秩序的根本。如果一個家庭裡長幼失序，輩份混亂，晚輩不受愛護，長輩不受尊敬，甚至下對上悖逆無道，則家庭生活就很難維持正常了。

第四、朋友以信義為本：人之所貴，莫過於明理好義，所謂「虛妄之言莫說，不義之人莫交。」所以朋友交往，應該以信、以義，不能只是建立在金錢、物質上的往來，如果只是天天在一起吃喝玩樂，這種酒肉之交不能長久。真正的朋友要講信、講義，有信用、有義氣，以信義為本的友情，才能歷久彌新。

所謂「水有源，樹有本」。有淵源，才能流長；有根本，才能茁壯，所以凡事要務本。做事不能本末倒置，做人尤其不能忘本，不忘本，根基才能穩固，人生才能發展。所以「人的根本」有四點：

第一、父子以慈孝為本。

第二、夫妻以敬愛為本。

第三、長幼以謙恭為本。

第四、朋友以信義為本。

人要自知

世間上有很多人，每個人都有每個人的性格，每個人也有每個人的好惡，甚至每個人的思想、觀念、想法、能力、專長、經歷也有所不同。不管自己的長短、特色為何？重要的是「人要自知」。有自知之明的人，才能藏己之拙，才能發揮所長。所以，人要自知，有四點說明：

第一、人之所患，莫甚於不知己惡：人生最大的過患是什麼？就是不知道自己的錯誤，不明白自己的缺點在那裡。人不可能十全十美，每一個人難免都有一些缺失、不足，所謂「人非聖賢，孰能無過；知過能改，善莫大焉」。一個人只要能夠「知過肯改」，能夠勇於面對缺點、改正缺點，就能不斷進步，就能成為有用的人。反之，不知道自己的過失，甚至

文過飾非的人，不敢面對缺點，則永遠沒有改進的機會，當然也永遠不會進步，所以不知己惡，這是人之大患。

第二、人之所美，莫善於聞過能改：「子路聞過則喜，大禹聞過則拜」，自古聖賢聽到有人指出自己的過失，都會歡喜接受，樂於聽到別人給他的諍言。所謂「過則勿憚改」，只要能「聞過則喜」，就會改過，就能有成。反之，有的人喜歡護短，對於別人說到自己的過失，就好像抓到他的痛處。一個不知道改過的人，如何能有進步呢？因此，人生最大的美德，莫過於聞過能改。

第三、人之所貴，莫過於明理好義：人生在世，並非有權有勢最好，世間上最好的是明理好義。所謂「聞義即從，常情所難；見義樂從，賢德所尚。」人只要明理，理路通，做起事來就會很順利；人只要好義，義之所在，不落人後，必得人尊。所以，人生最可貴的事，就是明理，就是有義。能明理好義，可以說人生已經成功一大半了。

第四、人之所鄙，莫大於寡廉鮮恥：「樹若無皮，不生華果；人無慚恥，會道至難。」人生在世，最為人所看不起的，莫過於寡廉鮮恥。一個不廉潔、不清淨、不知恥、不知慚愧、不知改過向善的人，永遠不能成功，終將為人所鄙視。所以，一個人要想成功，必須發奮；要能發奮，必須知恥。能知恥辱，必能成大器；人與人相處，不知道自己的缺失是一件很危險的事，不知道自己的長處，則是很可惜的事。尤其不知人之所患、所美、所貴、所鄙，則很難為社會大眾所接受。所以「人要自知」有四點：

第一、人之所患，莫甚於不知己惡。

第二、人之所美，莫善於聞過能改。

第三、人之所貴，莫過於明理好義。

第四、人之所鄙，莫大於寡廉鮮恥。

怎麼樣做人

所謂「做人難，人難做，難做人。」做事失敗，可以捲土重來，但是做人失敗，如潑出去的水，就難以回收了。因此，要把人做好，實在不容易。「怎麼樣做人」有四點建議：

第一、面部要有笑容：笑容是柔和慈悲的表現，也是人生的本錢，所謂「一笑泯千仇」，又說「一笑解千愁」，笑能化解忿怒、能緩和急務。有人以為學佛，一定要用很多金錢布施，用很多財富堆砌功德，其實，只要你肯給人一點笑容，就是對人間最好的布施，也是最好的供養。做人處世不要做「木頭人」，要做「微笑彌勒」，笑容是世間上最誠懇的語言，時時面帶笑容，能溫暖人的心靈。

第二、說話要能柔和：有的人說一句話，就能讓對方歡喜感動好幾天，有的人一開口卻立刻讓人心情陷入低潮。所以，「會說話」很重要。說話要柔和，才能讓人聽了歡喜，願意接受，也樂意和你往來交流，倘若滿口狂妄之語，粗暴、不坦誠，那麼人家也就避之唯恐不及了。

第三、慈眼要看大眾：人們常說「眼睛會說話」，眼睛會透露人的心態和精神力。憤慨的人，眼神裡充滿了憎恨、怨懟；悲傷的人，眼神裡充滿無奈、無助；信心滿滿的人，眼神裡則充滿自信。因此，要讓人感受到你的善意，要用慈眼看人，即使看到不喜、不悅的人或事，也要慈眼以對，甚至不要只看一個人，要看到普遍的大眾，讓大家都能感受到一分被人尊重的感覺。

第四、心意要能包容：人與人相處，難免會有磨擦和誤會，唯有包容才能冰釋前嫌、成就一切。被人包容，顯示自己的渺小；原諒別人，才能擴大自己，因此，人要有寬宏大量的氣度，不但要容納好人好事，對於看不慣、傷害你，甚至別人無心的錯誤，也要能寬容；心意有包容，才能享受喜樂的人生。

怎麼樣做人？心中要有人。你無視別人的存在、輕視別人的價值，當然就難做人。所以，「怎麼樣做人」有四點：

第一、面部要有笑容。

第二、說話要能柔和。

第三、慈眼要看大眾。

第四、心意要能包容。

做個全人

俗語說：「吃得苦中苦，方為人上人。」做人其實倒不一定要做人上人，做人重要的是做一個智人、做一個正人、做一個善人、做一個好人，甚至做一個全人，這才是重要。至於如何做一個「全人」？有四點意見提供參考：

第一、癡人不可做，要做智

人：人有時候因為愚癡、不明理，因此和人共事往來時，帶給自他許多的困擾與煩惱。愚癡的人最大的弊病，就是自我執著，聽不進別人的勸告，所以再好的道理，對他而言也是「不可理喻」。跟這種人來往很辛苦，所以過去有人說：「寧可和聰明的人打架，也不和愚癡的人講話」。因此做人要做智者，不要做癡人。

第二、邪人不可做，要做正人：俗語說：「正人說邪法，邪法也成正；邪人說正法，正法也成邪。」人的正邪，其影響不僅止於自己，往往造成團體的重大損益。例如一個邪里邪氣的人，所言所行，乃至所發表的邪說謬論，容易導致別人思想中毒，其對國家社會的傷害，往往是歷久彌堅，難以彌補的。所以做人要做對國家團體有利益的正人君子，千萬不可以做不受人歡迎的邪人。

第三、惡人不可做，要做善人：人的善、惡念頭，在一天當中不知起伏輪轉多少次，所以是善是惡，常常是在自己的一念之間。做人要做善人，不可以做惡人。在佛教講，舉凡好殺生、好偷盜、好邪淫、好說謊、好吃毒品，乃至兩舌、惡口、綺語、貪欲、瞋恨、愚癡，這都是惡人。惡人到處受人排斥、捨棄，所以十惡之人應該轉惡為善，要做善人。

第四、非人不可做，要做全人：佛經裏，佛陀曾經教訓弟子，不可以做五種不像人的「非人」。所謂「非人」，就是從外表看起來，雖然眼、耳、鼻、舌、身五根齊全，可是他

的言行、思想、性格不像人。例如聞善不著意、應喜而不喜、應笑而不笑等，這就不像一個人。非人不可做，要做全人；全人是什麼？就是有德之人，就是好人。

人，不可能成為十全十美的完人，但是只要肯忍耐，肯委曲求全，這就是全人。一個人凡事能往好處想，往善的、美的、積極面去為人設想，能做個正直而有智慧的善人，必能成功。所以如何做個全人？有四點意見：

第一、癡人不可做，要做智人。

第二、邪人不可做，要做正人。

第三、惡人不可做，要做善人。

第四、非人不可做，要做全人。

容人之量

語云：「高山不辭土壤，才能成其高；大海不撿細流，才能成其大。」做人處世亦同，唯有寬大容物才能領導他人。所謂「水至清則無魚，人至察則無友」、「仁者待人，各順乎人情，凡有所使，皆量其長而不苛其短。」所以，容人是一種美德，是一種思想修養，更是一種高尚的品德。有一首詩偈說得好：「將相頂頭堪走馬，公侯肚裡好撐船，受盡天下百般氣，養就胸中一段春。」容人之量，以下有四點說明：

第一、將相頂頭堪走馬：真正做大事業、有大成就的人，都需要有寬大的胸襟和容人的雅量，一個領導者的氣度愈寬大，才能使眾人歸心，為己盡力。史學家班固說：「上不寬大包容臣下，則不能居聖位。」當年齊桓公不計管仲一箭之仇，反而用他為相，終而成就霸業；諫議大夫魏徵曾勸李建成早日殺掉秦王李世民，後來李世民發動玄武門之變當了皇帝後，不計前嫌重用魏徵，因此魏徵為李世民出了不少治國安邦的良策，成就了史上的貞觀之治。可見得身為將相領導者，固然要有知識、能力，但他的胸襟、氣度更為重要，所以說將相的頭頂堪走馬。

第二、公侯肚裡好撐船：大丈夫能屈能伸，能大能小，能高能低，不但能容人之過，且能容人之長。劉邦云：「運籌帷幄之中，決勝於千里之外，吾不如子房；安國家，撫百姓，給餉銀，不絕糧道，吾不如蕭何；統百萬之軍，戰必勝，攻必取，吾不如韓信。此三者，皆人傑也。吾能用之，所以取天下也！」可見得善於用人之長，首先要容人之長；劉邦因為有容人之量，而能統領天下，所以說公侯將相肚裡好撐船。

第三、受盡天下百般氣：一個人的氣度、修養，必須經過各種試煉、考驗才慢慢培養出來的，所以縱使受盡天下百般氣，歷盡了各種的委屈，各種的蹧踏，不但不能有怨恨，反而要能包容他，如此器量自然能日夜增長。秦穆公不計恨走失的駿馬被人吃了，反而賜美酒招待；楚莊王不怪罪臣下對自己妻妾的調戲，反而命大家扯冠帶以助其脫困，他們的寬宏大量，無形中也救了自己一命。至今「秦穆飲盜馬」、「楚客報絕纓」仍為後世所傳頌。

第四、養就胸中一段春：所謂「心中無事一床寬，眼內有沙三界窄。」一個人若能包容春夏秋冬不同的氣候，那麼四季的美景自然都在你的心中。而一年四季裡，即使是春天的花草，也必須歷經夏日的酷暑，秋風的凋零，冬天的寒霜，最後才能冒出新芽。因此，一個偉大的聖賢，愈是經過磨難，愈能成就其偉大的人格。

孟子說：「仁者無敵。」這個「仁」字包含了「包容」的意思。一個人的包容心愈大，其成就的事業也就愈大，所以一個偉大的人，他必須有容人的雅量；你能容人，別人才能容你。而且不但要能包容各種人，還要能容人之長、容人之短、容人之功、容人之過。所以「容人之量」有四點：

第一、將相頂頭堪走馬。

第二、公侯肚裡好撐船。

第三、受盡天下百般氣。

第四、養就胸中一段春。

做人的條件

有人說：做人難，人難做，難做人。其實，做人只要有原則，也不是絕對的難做人。以下提供六點意見，說明做人的條件：

第一、骨宜剛：一個注重道義的人，人窮志不窮，講究的是要有骨、有氣，所以骨骼要堅硬，挺起胸膛，正直無私，表現頂天立地的骨氣。

第二、氣宜柔：做人不要盛氣凌人，不要頤指氣使；做人要心平氣和，要恕人如己。所謂「以柔克剛」，舌頭是軟的，但他比剛硬的牙齒耐久；一個性格溫順的人，到處都會受到他人的歡迎，都能給人接受，所以做人氣宜柔。

第三、志宜大：一個人從小就要養成自己的志願，儒家說「舜何人也，禹何人也，有為者亦若是。」佛教也講「沒有天生的彌勒，也沒有自然的釋迦」。一個人要想發展自己的未來，必須先要立定志向，要希聖希賢，要留芳百世，不可遺臭萬年。一個人的成就有多大，端看他的志向有多大，井底之蛙，不知道有天下；自私的觀念，不知道普利大眾，所謂「有志者事竟成」，不能小視。

第四、量宜廣：做人器量不能狹小，有量的人才能容人、才能用人、才能處人、才能服人。小的器皿，只能裝小的東西；大的器皿自然能裝大的東西。天地虛空所以成其大，因為它能容納萬物，所以吾人的心量，如果廣大，包容得多，還怕不能成就嗎？

第五、言宜謙：說話謙虛，態度誠懇，是做人處事的要道。人與人初見，表現才華自然重要；謙虛禮貌，更不可少。古人讀書，在童子時期就要學習應對，所以想給人接受，謙虛、禮貌，尊重、包容，絕不能少。

第六、心宜誠：人和人見面，雖然初看外相，但是之後要看你的心裡；如果你的心意不誠，虛浮傲慢，讓人不能感受你的誠心誠意，你和人交往的當中，必定會失敗。

所以，說到做人的條件，有六點：

- 第一、骨宜剛。
- 第二、氣宜柔。
- 第三、志宜大。
- 第四、量宜廣。
- 第五、言宜謙。
- 第六、心宜誠。

有用的人

人，都希望成為一個有用的人。有用的人，即使接受一點小因緣，也能點石成金，做得轟轟烈烈；無用的人，就是賦予一樁大事業，到最後也會成為「無聲息的歌唱」。怎樣才能做個有用的人呢？有四點意見：

第一、要如松柏，耐得考驗：一個有用的人，人生的境遇不一定都是一帆風順，不一定都能暢所欲為。真正有用的人，反而都是從逆境中突圍而出，因此更顯其能量大於常人。就像松柏一樣，要經得起歲寒霜雪的考驗，才能更加蓊鬱蒼翠。所以有用的人，要能經得起磨、吃得了虧、受得住苦；能夠耐得了人情的艱難，忍得了世事的委屈，才能超越、昇發，才能和千年的松柏相比論。

第二、要如根識，各司其用：人的眼、耳、鼻、舌、身、心，佛教稱為「六根」。眼看、耳聽、鼻子呼吸空氣、舌頭品嚐鹹淡等，彼此各有所司，各司其用。一個人不管在任何時間、空間，人我之間都能把自己運用得恰到好處，都能如觀世音菩薩一樣千百億化身，這就是有用的人。

第三、要如盲跛，與人互助：世間上，不可能人人都是十項全能，也不可能每個人都是十全十美。但是人不一定要萬能，只要肯能；就如一個人眼睛瞎了，或是腿斷了，只要彼此合作，盲者可以背起跛子走路，跛腳的人可以指引盲者方向，大家互助合作，必定能夠走出困境。所以世間上的人千萬不能獨斷獨行，須知人一定要藉助很多因緣條件，才能生存。因此懂得與人互助，才是一個有用的人。

第四、要如聖賢，不輕後學：「佛法在恭敬中求」，恭敬不一定是指下對上；「不輕後學」也是做人應有的尊重。一個有用的人，自許自己是聖人，是賢人；但是也要能不輕後學，才能得到別人的尊敬。所以真正的聖賢，不在於自己成就多大的事業，而在於能給人因緣、給人空間，有心量提拔後起之秀，這才是聖賢的典範。

一個人的有用與否，就看他能發出的能量大小。一個真正有用的人，要具備能大能小、能前能後、能冷能熱、能餓能飽、能動能靜、能有能無的性格與擔當。所以如何成為一個有用的人？有四點看法：

第一、要如松柏，耐得考驗。

第二、要如根識，各司其用。

第三、要如盲跛，與人互助。

第四、要如聖賢，不輕後學。

地球人

人，應該擴大自己的領域，擴大自己的世界，今天整個人類的思想，應該把地球看作是一個「地球村」。大家要做一個「地球人」，在地球村裡，共同和平的生活，彼此攜手合作，相互包容。

今年（民國九十二年）是我到台灣弘法屆滿五十年，我這一生有三分之二的生命，大約半個甲子的時間都是在台灣度過，如果說我不是台灣人，我是哪裡人呢？但是我在台灣並沒有人承認我是台灣人；當我回到大陸，當地人又說我是台灣來的和尚。我走到哪裡都不被認同是當地人，後來我安慰自己，我是「地球人」。這是我後來的覺悟，我不要做哪裡人，只要地球不捨棄我，我可以做個地球人。至於怎樣做個地球人？有四點意見提供大家參考：

第一、睜大眼睛，欣賞地球：當我們放眼看地球時，我們會發現世界是如此的廣大，風景名勝千巖競秀，萬壑爭流，芸芸眾生和善的到處與人結識。做一個地球人，我們就應該睜大眼睛，好好的欣賞這個地球上的美好人事和美景。

第二、立定腳跟，走向地球：做一個地球人，不要把自己

限制在小圈圈裡面，應該立定腳跟，走向地球；從各地的旅行遊覽中、從日常的見聞覺知中，了解到所謂的世界，不再是課本上生硬的知識，而是在日常生活中就能擁有的體驗，不再是有形有相的空間，而是我們的心有多大，世界就有多大。

第三、展開雙臂，擁抱地球：過去，每一個偉大的人物，他們都是胸懷宇宙，所謂「心包太虛，量周沙界」、「宰相肚裡能撐船」。因此，做一個地球人，應該要有開闊的心胸，當我們用雙手來擁抱地球時，這個地球上所有的一切都是我們的，所有的事物都變得非常可愛，我都應該去幫助它，有益於它。

第四、佛光普照，享受地球：在這個地球上，陽光普照著每一塊土地，微風吹拂著每一個角落，就像佛陀的慈悲與真理，平等無差別地普施給每一位有情眾生。

所以，這個世界是非常可愛的，每一個人都應該好好享受地球上所有的陽光、空氣、水份、土地，甚至於各種的生產，這是多麼美好呢？何必一定要分我是哪一個地方的人呢？

隨著科技進步，現代的交通便利，資訊傳播快速，整個世界朝向全球化發展，未來必然是個地球村的時代。我們居住在地球村，能不「與時俱進」，做一個地球人嗎？所以要做一個地球人，有四點：

第一、睜大眼睛，欣賞地球。

第二、立定腳跟，走向地球。

第三、展開雙臂，擁抱地球。

第四、佛光普照，享受地球。

現代人

過去由於傳統文化落後、封閉與獨裁，人們生活貧窮、困苦，為了追求自由、民主、富強、繁榮的生活，大家開始鼓吹現代化。「現代化」即是已開發之意，這個名詞代表了進步、迎新、適應和向上，不管國家、社會、宗教乃至個人，都隨著時代空間、時間的轉換，不斷地尋求發展，不斷趨向所謂的「現代化」。

到底怎樣才叫做現代？保持開放的態度，擁有一顆肯學習的心，就是現代。現代就是肯把心中的成見去除，隨時接受新的觀念、新的事物，擁有一顆積極向上的心，就能隨時進步，做一個如魚得水的現代人。因此，怎樣做現代人？有四點意見提供參考：

第一、讀通天下書，無書不讀：你要做一個現代人嗎？第一要多讀書，不但要廣讀古今中外的歷史，舉凡天文、地理、藝術、文學……等各種常識都要涉獵。因為處在當前多元化的社會，不能只懂一樣，而要全面性的接觸，廣博之後再求專精，才能立足於當代。所謂讀遍天下書，方能「觀古今於須臾，撫四海於一瞬」，因此無書不讀是做現代人的先決條件。

第二、行遍天下路，無路不行：古人云：「讀萬卷書，行萬里路，有耀自他，我得其助。」現代人也應如此，除了讀書以外還要實地去瞭解文化、民情，以求取經驗，取得臨場感，感受每個國家、每個民族的思想、精神以及內涵。能夠走遍世界的每一個角落，踏遍地球的每一塊土地，那麼整個世界都已掌握在你的心中，所以現代人要走遍天下之路，無路不行。

第三、看盡天下人，無人不看：世界上有各式各樣的人，白種人、黑種人、黃種人，這個國家的人、那個國家的人，貧窮的人、富有的人，美麗的人、醜陋的人，甚至士農工商各種職業的人；每個人隨著不同的國家、不同的民族性格、不同的家庭背景、不同的職務、不同的外貌，

而有不同的語言、習慣、信仰和生活方式。因此，作為現代人，你要看遍天下人，無人不看，這樣你才能瞭解這個世間。

第四、經歷天下事，無事不經。天底下的事情無奇不有，無論是平凡的事、奇妙的事、新鮮的事、困難的

事……，每件事最好都有親身的經驗，所謂「不經一事，不長一智」經驗就是最好的智慧。因此，出生在現代，要做一個現代人，就應該勇於嘗試所有的事，要歷經天下事，無事不經，才能成為一個現代人。

時代進步，不但科技現代化、知識現代化，舉凡生活、思想，也在邁向現代化。在這個樣樣現代化的社會裡，人要如何隨著時代的潮流邁進而不會被淘汰？要如何做一個現代人？有人說：保持現狀，就是落伍；進步不快，便會被淘汰。因此要做一個現代人，應該做到：

第一、讀通天下書，無書不讀。

第二、行遍天下路，無路不行。

第三、看盡天下人，無人不看。

第四、經歷天下事，無事不經。

處難處之人

學佛先學處世，能處難處之人，能做難做之事，才是真正會處世。古人循循善誘、諄諄教誨、有教無類，不放棄任何一個莘莘學子；菩薩則是千處祈求千處應，苦海常作渡人舟，不捨棄任何一個芸芸眾生。我們做人則應當學習古聖先賢的精神，難行能行，難忍能忍；做事，要做難做之事；處人，當處難處之人。關於怎樣與難處之人相處？有四點意見：

第一、遇詐欺的人，以誠心感動他：當今社會，有很多人能欺則欺，能騙則騙，像金光黨針對人性的貪心和同情心來騙錢，怪力亂神的神棍以人性的愚癡無知來斂財；甚至於很多的業者，以不實的廣告、迷人的誘惑來推銷產品、詐騙錢財。當你遇到這種詐欺的人，當然不能隨他詐欺，不過你可以誠心誠意地教育他，感化他。

第二、遇暴戾的人，以和氣薰陶他：對於暴戾之人，因為對方性情暴躁、乖戾，你便不能跟他一樣，以暴制暴，否則只會讓事情一發不可收拾。因此，當對方暴戾時，你要更和氣，以和平的心感化他、薰陶他，用平常心來影響他，使他去除暴戾的性情。

第三、遇奸邪的人，以忠義激勵他：如果遇到奸邪、不正派的人，講話邪知邪見，對國家沒有忠心義氣，與人交談都是歪理、歪念；對於這一種人，我們必須用忠義來激勵他，以正氣來攝受他，使他感受你的忠肝義膽、正知正見，這樣他便有可能被你降服。

第四、遇惡性的人，以包容善誘他：有一些人，生來就是劣根性，不肯授教，像這樣的人我們也不能捨棄他、不管他。過去在寺院的禪堂裡，有一個惡習難改的人，大家建議將他開除，堂主卻說：把他開除了，他回到社會上不是要讓更多人受害嗎？如果寺廟都不能感化他，又有什麼地方能使他改過呢？所以遇惡性的人，我們更應該包容他，用慈悲來誘導他，使他心生慚愧，改過向善。

我們與人相處，不能只挑好人、善良之人；對於習氣重的人、品行不良的人，我們也不能完全排斥。能以待己之心待人，以責人之心責己，則世無難處之人，亦無難做之事。所以，「處難處之人」有四點意見：

第一、遇詐欺的人，以誠心感動他。

第二、遇暴戾的人，以和氣薰陶他。

第三、遇奸邪的人，以忠義激勵他。

第四、遇惡性的人，以包容善誘他。

現代人的弊病

古往今來，所謂「法久弊生」，每個時代有每個時代的弊病，例如古人有傳統社會背景下的包袱，今人也有現代生活背景下的弊病。雖然現在時代在進步，然而世道衰微，人心不古，人們的道德勇氣不再，人們的禮義廉恥不再，剩下的只是人與人之間的隔閡與猜忌，人不但沒有隨著文明的發達而進步，反而養成了誇大不實、好高騖遠、以逸待勞等現代通病。可以說，現代人的毛病橫生，以下茲列舉四點：

第一、魯莽衝動的弊病：現代人最大的毛病就是行事衝動，行為魯莽，做事情不經思考，不用大腦，毫無理智，橫衝直撞，不顧一切，我行我素，因此到處得罪人。像這樣的人，凡事沒有經過仔細的研究，不重視過去的因緣關係，只要自己歡喜，什麼都不管，完全不顧念別人的感受，這種自以為是的人，常使自己生活在懊悔當中，但往往下次他還是一樣的魯莽衝動，這就是現代人的通病。

第二、冷眼旁觀的弊病：現代人沒有從前農村時代的熱情，對別人的好人好事，既不鼓勵也不道賀；對於別人的求助求援，更是冷眼旁觀；甚至於看見別人被汽車撞倒了，他也只是袖手旁觀的在旁邊看熱鬧，什麼忙也不幫，唯恐惹上麻煩。像這種「自掃門前雪，不管他人瓦上霜」的態度，即使你吃了虧、受了委屈，他連說一句慰問的話、鼓勵的話，都覺得為難。有人慨歎說，現在的社會科學發達、經濟成長，但人情好冷淡，社會好冷漠，這也是現代人的通病。

第三、不聞不問的弊病：現代人有時候隔牆而住、對街而居，經過數十年竟然不相識，更遑論聯誼往來、噓寒問暖了。現代人的弊病，就是只活在自己的世界裡，對於周遭的人、事、物，不聞不問，漠不關心，不能守望相助，不能互相了解、體貼，對於世間的一切，好像都與自己沒有任何因緣，也沒有任何關係，大家都是單打獨鬥。這樣的社會，雖然物質繁榮，但是每個人卻都是一個孤獨的個體，人際的疏離，造成精神上的苦悶，這遠比坐牢還要可憐。

第四、無情無義的弊病：現在的人最嚴重的弊病，就是無情無義，為了謀求個人的爭名奪利，一點也不講究人情，更不注重道義，只是自私、自我的把利益看得比道義還重要，把個人的需要看得比人情還寶貴，甚至於為了維護個人的利益，什麼缺德的事都可以做得出來，所以這許多毛病如果不能改善，社會難以健全。

人不怕有問題，只怕不知問題所在；只要能找出問題的原因，就能對症下藥。千萬不能逃避問題，乃至因循苟且，讓問題一再存在。所以，我們應該要正視以下四點「現代人的弊病」：

第一、魯莽衝動的弊病。

第二、冷眼旁觀的弊病。

第三、不聞不問的弊病。

第四、無情無義的弊病。

人與事

世間上有人的地方就有事，說到「人與事」，有時候真是錯縱複雜，難於處理。但是我們每天又必須面對很多的人與事，那麼我們應該怎麼辦呢？有四點意見提供參考：

第一、處難明之理宜平：人際間，很多爭執、糾紛的發生，大都由於太講理，所謂「公說公有理，婆說婆有理」，每個人都有各自的道理，對於別人的理，卻又全然不聽，因此各執己見。這個時候怎麼辦呢？要用平常心來對待！曾國藩說：「心若不靜，省身則不密，見理則不明。」所以對於難明之理，要能心平氣和才好。平心靜氣，不必著急，不必過份執著，慢慢來，道理總會有一個最後的公論。

第二、處難處之人宜厚：做人要厚道，厚道才能載福。寬厚之人，遇事不但可以化干戈為玉帛，還可以獲得心靈上的寧靜與安祥。尤其是處難處之人，更要以寬厚來待他。因為有些不講道理的人，你若得罪了他，他會跟你計較，甚至玩弄權謀手段來報復你，所以與難處之人交往，一定要以寬厚來待他。

第三、處難做之事宜緩：事有大事小事、急事緩事、公事私事。事是一定要辦，只是我們應該要有個先後、緩急之分。所謂「大事緩辦，小事急辦」，這個「大事」是指一些關鍵性的、影響重大的、難處理的事。而「緩辦」，並不是故意緩慢地去做，更不是拖延不做，而是要小心謹慎，凡事從長計議，多方面觀察研究，兼聽各方意見，反覆思考，即使有了決策計劃，還要密切注視事情的發展，不時檢討、修訂、重議原來的決策計劃，這樣事情才會圓滿、成功。

第四、處難成之功宜智：智者做事，不以力取，但以智謀。尤其當自己無法超越對手專擅的領域時，更是須要靠智慧來取勝，如孫臏教田忌以迂迴的方式與齊威王賽馬。當時從整體上看，田忌的「馬」力不如齊威王；但是他反轉遊戲規則，原本賽馬是以勢均力敵的觀念對決，而孫臏教田忌將規則改為下駟對

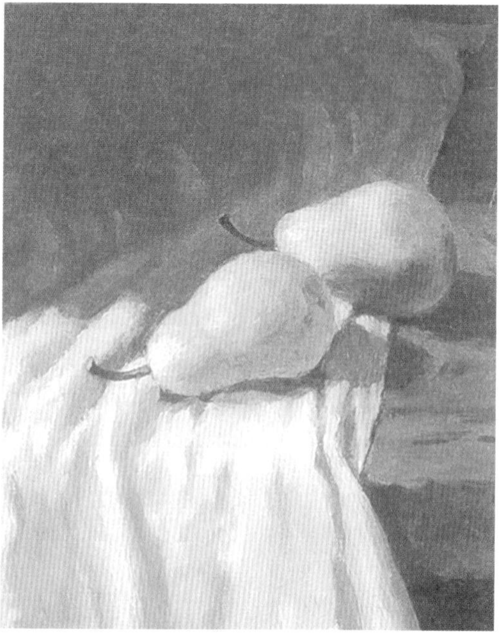

上駟、上駟對中駟、中駟對下駟，形成了二勝一負的優勢。由於孫臏的足智多謀，使田忌以智取勝，贏得與齊威王的賽馬。所以說「處難成之功宜智」。

古人云：「心體澄徹，常在明靜止水之中，則天下無可厭之事；意氣和平，常在麗日風光之內，則天下無可惡之人。」中國人一向重視道德修養，尤其在待人處事上，都講究平心靜氣，藉由養心來達到忍性的修煉，如此才能人事圓滿。所以關於「人與事」有四點意見：

第一、處難明之理宜平。

第二、處難處之人宜厚。

第三、處難做之事宜緩。

第四、處難成之功宜智。

做人的風儀

世上的人，有的人有錢，有錢人有有錢人的樣子；有的人做官，做官有做官的派頭；有的人為學，為學有為學的風儀。其實不管做任何一種人，都應該要有做人的風儀。關於做人的風儀，有四點看法：

第一、要有光風霽月的修養：「君子坦蕩蕩，小人常戚戚」，做人坦蕩正直很重要。一個人心胸坦蕩，為人正直，即使平凡，自有其磊落灑脫的風姿；這種光風霽月的修養，是做人應有的風儀。

第二、要有海闊天空的心胸：做人最怕心地狹窄、自私、愚暗，如此不但不受人歡迎，自己也很難走出去，所以做人心胸要像海闊天空一樣，那才是做人應有的風儀。

第三、要有端嚴莊重的儀表：人不一定要長得多美麗，也不一定要行事瀟灑，最重要的，要端莊正直、從容不迫。如佛教說的「行如風、坐如鐘、臥如弓、立如松」，能有端嚴莊重的美好威儀，這是做人應有的風儀。

第四、要有玉振金

聲的言辭：做人，不但是身教，還要有言教，有時候要講理、說法來開導別人，但是如果自己不善於言辭，別人也不能受你的影響。所以做人固然要有學問，還要有慈悲心，要肯樂於為人演說佛法；尤其講說時還要不說則已，一說則「一鳴驚人」。能用玉振金聲的言辭，讓別人聽了你的說法後如沐春風，歡喜接受，這是做人應有的風儀。

玫瑰雖美，卻是短暫不實，因此人除了漂亮之外，還要把尊嚴、性格、氣質、風儀、人緣等活出來。做人的風儀有四點：

第一、要有光風霽月的修養。

第二、要有海闊天空的心胸。

第三、要有端嚴莊重的儀表。

第四、要有玉振金聲的言辭。

對人與對境

人是群居的動物，一切活動都與社會大眾脫離不了關係，生活中的人事、處境，難免有起伏煩惱、境界考驗。如何面對這些人與境呢？茲提供四點意見：

第一、對人要禮與讓：常言道，這個世間「人情反覆，世路崎嶇」，我們要在這反覆、崎嶇之間處世，「禮讓」是首要的功夫。所謂：「行不去處，知退一步之法；行得去處，務加讓三分之功。」若是兩方相鬥，會造成兩敗俱傷；若是兩人相讓，則兩人都有所得；讓步不一定吃虧，從禮讓中，才能和諧雙贏。

第二、對事要勤與明：現代人講求效率與速度，要兼具「效率」和

「效力」，就要勤且明。勤是積極上進，你能勤，就能掌握先機，就有多一分的因緣。勤之外還要能明，明理的人，想法周到，理路清晰，做起事來就能明快條理。一個有效率的人，辦事能事半功倍；沒有效率的人，

則事倍功半；能力差的人，勤能補拙；懶惰的人，則好逸惡勞。你是哪一種人呢？

第三、對境要淡與轉：境界有很強大的力量，有時候，境界能誘惑我們；有時候，境界能威嚇我們，甚至可以轉動我們，打倒我們，因此處「境」要能淡、能轉。處順境要能看淡，才不會得意忘形，處逆境要能轉化，才不會沉溺谷底；對境要能淡，就能處理境界，淡然平靜；對境要能轉，就能轉迷為悟，轉邪為正，轉錯為對，轉暗為明，這一轉，所有境界皆在我的心裡收放自如。

第四、對道要一與圓：道最要緊的是能始終如一。所謂「萬法歸一」、「唯有一乘法，無二亦無三」、「一師一道」，專一才能深入，深入才能有所體悟，看清問題。道也不是四方形，也不是一條直線從這裡到那裡，道應該是圓形的。圓的任何一點是起點，也是終點；球能滾動，也在於它的圓；因此，能圓才能無礙，圓才能靈活。一與圓的道，才能解決問題。

人在順境時往往會得意忘形，所以在順境中要警惕自我；人在逆境中常常會灰心喪志，因此在逆境中要奮勉向上。

以上四點提供吾人在對人、對境時，有個方法參考。

- 第一、對人要禮與讓。
- 第二、對事要勤與明。
- 第三、對境要淡與轉。
- 第四、對道要一與圓。

人間學

白居易有一句話「長安居，大不易」，說明居住在大城市裡物價昂貴，生活的不易；後人也有說：「居人間，大不易」，慨歎著人與人的往來酬對、進退拿捏、維護生存的不容易。既然我們生活在這人間，離不開周遭人群，如何把這門「人間學」讀通讀透呢？以下有四點方法參考：

第一、窮途時不忘初心：人生路上，我們有時會感到窮乏困頓，好像走到了末路窮途。好比有的人為了事業衝刺，到後來卻覺得困難重重；有的人發奮讀書，最後實在苦不堪言，讀不下去；也有的人為了愛情結婚，遇到柴米油鹽醬醋茶開門七件事，才感到現實生活的折磨。無論在那一種艱難困苦的時候，最重要的是「不忘初心」，不要忘記當初是怎麼樣發心的。例如你為什麼從事教育，你為什麼創辦事業，你為什麼結婚，假如你沒有忘記最初的那個志願，你就會從心中產生力量，不會讓困難打倒。

第二、成功時不忘故舊：很多人飛黃騰達了，

以為一切都是自己的成就。其實不是，是很多的親友同事，很多的因緣成就，給你幫忙，給你助力，才能成功的。好比一場戰爭結束，要論功行賞；公司到了年終，也要發給獎金鼓勵，感謝這許多同儕袍友、員工同仁的協助。因此，如《論語》說：「故舊無大故，則不棄也。」一個人成功了以後，可不能忘了親朋故舊。

第三、勸諫時不忘柔和：泥土要經過水流才能平坦，木材得用繩墨測量才會平直，一個人也要廣納別人的規勸，才能進步。當我們衷心要給朋友、兄弟，甚至父母一點規諫的時候，重要的是不要忘記用柔和的方式。柔和能讓人承受得了，柔和能讓人歡喜接受，柔和能讓人備感尊重，柔和能讓人銘記在心。所謂「以柔克剛」，那才能達到給人勸諫的目的。

第四、施捨時不忘尊重：我們發心布施，給人一些贊助、給人一點獎勵、給人一些歡喜、給人一句讚美、給人一點安慰，乃至給人一點希望，給人一點祝福，都是十分美好的事情，但是千萬不要把他當成以物易物的交換，而忘記去尊重對方。佛教裡的「無相布施」，所謂「三輪體空」沒有施者、受者、施物，彼此尊重，圓滿了施與受之間最美好的關係。這才是真正的功德。

行走在這人間要求得和諧圓滿，只有靠我們自己努力經營、廣結善緣，才能獲得安樂。以上這四點「人間學」，可以做為吾人參考準則。

第一、窮途時不忘初心。

第二、成功時不忘故舊。

第三、勸諫時不忘柔和。

第四、施捨時不忘尊重。

人與自然的比量

大自然界的山河大地、樹木花草，與我們有十分密切的關係。你看，一天又一天，我們生活在這天地之間，山河大地無盡的資源寶藏，哺育我們的生命，又讓我們欣賞、利用。所以說，我們和宇宙山河是分不開的，宇宙就是我，我就是宇宙。我們也可運用大自然來作為修行上的「比量」，把我們與自然界對比一番，很有意義，舉出四點如下：

第一、我慢高於山岳：「慢」在這裡是指輕蔑、自負。傲慢之人，無論本身如何不足，對方如何優異，在他眼中都是自己比對方好，因此沒有進步的空間。經典裡比喻「我慢如山高」，意思是憍慢的心高聳，好像山岳一樣，目空一切。人一有了我慢，就看不清自己的缺失，以致低估別人的優勢，造成種種煩惱、障礙。因此在佛教中，將傲慢歸納於六種根本煩惱之一。

第二、戒德重於大地：宋朝大文豪蘇東坡，一向自視甚高，有一次，他想試試玉泉禪師的心境，於是裝扮成達官貴人去見禪師。禪師上前招呼他：「請問高官貴姓？」蘇東坡立即機鋒回答：「我姓秤，專門秤天下長老戒德有多重的秤！」玉泉禪師猛然大喝一聲，然後說：「請問我這一聲喝有多重？」蘇東坡啞口，內心大服。《易經》裡說：「君子以厚德載物。」意思是說，一個人德行操守上的功德莊嚴，好像大地一樣，無法以秤來計。倘若想拿「心」來秤他人，除非你本身的心境高過對方，否則是無法秤量的。

第三、妄想多於草木：我們現代人的妄想雜念尤其多，用什麼比喻較恰當呢？用草木可以做比喻。你說，大自然中的花草樹木，鋪天蓋地、無量無邊，想要一棵一棵去數，能數得出來嗎？但是我們的妄想、雜念、煩惱，還要多倍於雜草亂木。但是，草木只要知其性質，

就能成為治病的藥草。

一次，文殊菩薩叫善財童子將「是藥草的，採些回來。」善財不久後空手而回，他說：「遍大地皆是藥草，請問菩薩要的是哪一種？」宇宙萬物，無不是從我們的自性流出，只要我們能「降伏其心」，一切草木都成了最好的藥方。

第四、意念疾於電光：什麼是這個世間上最快的？有人說是「電」，也有人說是「光」，其實最快的是我們的「心」。心念的變化比風雲、雷電、閃光都還要快。比方，你人在台灣，心念一動：「我要到美國看兒子。」不要一秒鐘，心即刻就到了美國；「我想要到世界屋頂、冰川海洋去遊歷！」剎那之間，心念已經到了高山海洋。更遠一點，距離十萬億佛土遠的極樂世界，如何能去得呢？經典說：「於一念頃，即得往生。」在一念之間，我們的心就可以到達阿彌陀佛的世界。心的妙用，不可思議，意念疾速，更甚於雷電閃光。

自我與大自然，有四點可以比量：

第一、我慢高於山岳。

第二、戒德重於大地。

第三、妄想多於草木。

第四、意念疾於電光。

國家圖書館出版品預行編目資料

人間有花香：自覺/星雲大師著—初版—台北市：香海文化，
2007・09　面：　公分(人間佛教叢書)(星雲法語：5)
ISBN 978-986-7384-74-4(精裝)
1.佛教說法
225.4　96015517

人間佛教叢書
星雲法語❺
人間有花香—自覺

星雲法語

作　者／星雲大師
發 行 人／慈容法師（吳素真）
主　編／蔡孟樺
繪　圖／吳承硯、單淑子
法語印章／陳俊光
資料提供／佛光山法堂書記室
編輯企劃／陳鴻麒(特約)、香海文化編輯部
責任編輯／高雲換
助理編輯／鄒芃葦
封面設計／釋妙謙
版型設計／蔣梅馨
美術編輯／釋妙謙
校　對／高雲換、周翠玉

出版・發行／香海文化事業有限公司
地址／110台北市信義區松隆路327號9樓
電話／(02)2748-3302
傳真／(02)2760-5594
郵撥帳號／19110467　香海文化事業有限公司
http://www.gandha.com.tw　www.gandha-music.com
e-mail:gandha@ms34.hinet.net

總經銷／時報文化出版企業股份有限公司
地址／235 台北縣中和市連城路134巷16號
電話／(02)2306-6842
法律顧問／舒建中、毛英富
登記證／局版北市業字第1107號
ISBN／978-986-7384-74-4
十冊套書／定價3000元　單本定價／300元
2007年9月初版一刷　2009年1月初版二刷　2013年5月初版三刷